Mohsen Hallaj Asghar

Aplicação de investigação e arquitetura da Internet das Coisas com o protocolo MQTT

Mohsen Hallaj Asghar

Aplicação de investigação e arquitetura da Internet das Coisas com o protocolo MQTT

ScienciaScripts

Imprint
Any brand names and product names mentioned in this book are subject to trademark, brand or patent protection and are trademarks or registered trademarks of their respective holders. The use of brand names, product names, common names, trade names, product descriptions etc. even without a particular marking in this work is in no way to be construed to mean that such names may be regarded as unrestricted in respect of trademark and brand protection legislation and could thus be used by anyone.

Cover image: www.ingimage.com

This book is a translation from the original published under ISBN 978-3-659-82933-8.

Publisher:
Sciencia Scripts
is a trademark of
Dodo Books Indian Ocean Ltd. and OmniScriptum S.R.L publishing group

120 High Road, East Finchley, London, N2 9ED, United Kingdom
Str. Armeneasca 28/1, office 1, Chisinau MD-2012, Republic of Moldova, Europe
Printed at: see last page
ISBN: 978-620-8-18655-5

Resumo

A "Internet das coisas" define um ambiente global em que os objectos são identificáveis de forma única e permitem aos sistemas geri-los, segui-los e monitorizá-los. A Internet das Coisas (IoT) introduz o mundo das tecnologias da informação e da comunicação (TIC), que permite ligar tudo em rede, em qualquer altura e em qualquer lugar. As coisas são capazes de se configurar com base num protocolo de comunicação normalizado. Em termos semânticos, trata-se de uma rede de coisas (objectos) interligadas com uma capacidade de endereçamento única que estão ligadas entre si através de um protocolo de comunicação normalizado. O termo IoT é utilizado como um termo genérico que abrange vários aspectos da extensão da Internet e da aplicação Web para incluir empresas e a integração de objectos na vida real. Os componentes MQTT ou MQSeries são utilizados para ligar outras aplicações de software para que possam trabalhar em conjunto. Este tipo de aplicação é frequentemente designado por software de integração empresarial ou middleware. O protocolo MQTT pode ser utilizado para uma variedade de ambientes, como aplicações de domótica, e foi proposto como um sistema leve, fácil de implementar e de baixa largura de banda para milhares de milhões de objectos inteligentes.

O objetivo deste trabalho de investigação é compreender os vários aspectos da Internet das Coisas, os componentes da IoT e as questões de software relacionadas com a implementação da IoT no mundo real, as áreas de aplicação, os protocolos que suportam a IoT, o trabalho de investigação realizado até à data e algumas soluções arquitectónicas propostas para várias áreas de aplicação baseadas na IoT.

Pretende-se também compreender o modelo de comunicação publish/subscribe, que permite que os dispositivos que enviam e recebem informação sejam desacoplados e recebam informação sobre tópicos instantaneamente através de subscrição. Mais especificamente, pretende-se analisar o desempenho do MQTT (Message Queue Telemetry Transport), um protocolo leve de dispositivo para servidor que suporta este modelo e opera na camada de protocolo TCP/IP. Oferece segurança opcional através do protocolo SSL/TLS (Secure Sockets Layer/Transport Layer Security) e 3 qualidades de serviço que podem ser selecionadas para cada subscrição. O MQTT é composto por um editor, um servidor e um subscritor. Neste artigo, propusemos uma técnica para melhorar a poupança de energia no sistema de serviço MQ. Na nossa proposta, desenvolvemos uma técnica ativa inteligente para melhorar a conservação de energia. Nesta técnica, um sistema pode entrar em modo de suspensão quando não está a ser utilizado.

CAPÍTULO 1
Introdução

Neste capítulo, apresentamos as tendências evolutivas e revolucionárias que estão a conduzir da Internet à Internet das Coisas (IoT)

Biografia da Internet das coisas e das coisas inteligentes

O espetáculo ostensivo dos novos desenvolvimentos científicos e tecnológicos é impiedoso e desenrola-se em várias frentes. Quase todos os avanços são apresentados como impiedosos, e a lista das "próximas grandes coisas" é cada vez mais longa. Mas algumas tecnologias têm efetivamente o potencial de perturbar o status quo, alterar o comportamento das pessoas na vida e no trabalho, reordenar os valores e conduzir à criação de novos produtos e serviços. Os líderes empresariais devem tentar avaliar o impacto destas tecnologias em evolução. Têm de compreender de que forma as vantagens competitivas em que se baseiam as suas estratégias podem diminuir ou aumentar a longo prazo, em resultado da integração de novas tecnologias. Eles

Também precisam de compreender como a tecnologia lhes traz novos clientes ou descobre as redefinições que ajudam a remodelar as fundações existentes ou os inspiram a descobrir novas tecnologias [1]. Os decisores políticos e os cientistas devem também ter uma

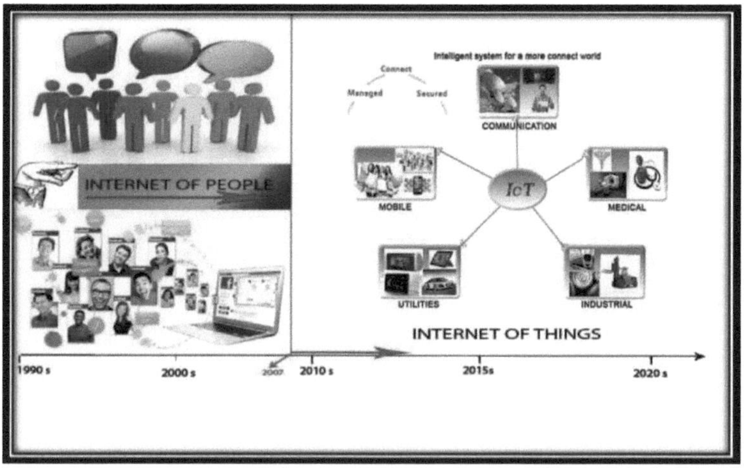

Figura: 1.1 A revolução da Internet e a Internet das coisas

Plataforma para o futuro próximo da tecnologia. Para o fazerem bem, devem ter uma compreensão clara da tecnologia e das mudanças na tecnologia global e da forma como esta irá moldar a economia e a sociedade globais num futuro próximo. Têm de reconhecer e decidir como investir nestas tecnologias e em várias formas de infra-estruturas e educação, e têm de mostrar como uma economia em crise pode afetar os benefícios de

cada uma delas. Muitas forças podem ocorrer em grande escala e transformar as economias e as sociedades: alterações demográficas, urbanização, expansão da mão de obra e novas formas de acumulação de capital. Mas no final do século XVIII e início do século XIX, na altura da Revolução Industrial, a tecnologia desempenhou um papel particular e contínuo na promoção do crescimento e na remodelação de uma economia. A tecnologia proporcionava uma nova plataforma para fazer coisas e, uma vez dominada, as empresas e os clientes não podiam "desaprendê-la". Atualmente, assistimos à rápida evolução de tecnologias potencialmente transferíveis no horizonte, que se estendem às tecnologias da informação, à energia, à tecnologia biológica, à ciência dos materiais e a várias outras áreas críticas, como refere o relatório anual do Mckinsey Global Institute: até 2020, a Internet tocará o ponto final do mundo físico [2].A confluência de redes de sensores sem fios (RSSF) eficientes, a recuperação de protocolos sem fios e os sensores melhorados, bem como o grupo de empresas em fase de arranque e a constituição de empresas e companhias para desenvolver o necessário software de gestão da cadeia e de aplicação, tornaram recentemente o novo conceito de tecnologia que introduziu a Internet das Coisas (IoT) na corrente dominante. Aqueles que dizem que a Internet mudou fundamentalmente a nossa sociedade podem estar certos, mas, ao mesmo tempo, a maior mudança tecnológica ainda está à nossa frente. Envolve várias novas tecnologias que convergiram recentemente de uma forma que significa que a Internet está à beira de uma expansão significativa, uma vez que pequenos e grandes objectos (coisas) podem ser ligados e também assumir a sua própria identidade na Web [3]. Seguindo a história da Internet e dos computadores, quando os nossos PCs e servidores puderam ligar-se às redes globais, e também da Internet dos telemóveis, quando foi uma revolução do telefone para outras unidades móveis, a fase alternativa de desenvolvimento será a Internet das Coisas. Quando um grande número de objectos puder ser ligado à Internet, será possível geri-los no mundo virtual. Esta revolução emergente será a maior expansão da Web que a humanidade alguma vez viu e terá um enorme impacto na indústria e na vida quotidiana. Durante as Jornadas da Internet, passou-se um dia inteiro a explorar este desenvolvimento emocionante sob diferentes perspectivas. Os participantes foram familiarizados com a tecnologia subjacente à (IoT) e delegados de diferentes áreas da indústria foram convidados a falar sobre planos de aluguer e visões para o futuro. Para fornecer dados e inspiração e realçar a velocidade a que a Internet das Coisas já chegou, foi apresentado o número considerável de artigos e projectos-piloto já existentes.
Por último, foi discutido o papel da legislação na adaptação e promoção das novas tecnologias e a Comissão Europeia ofereceu uma plataforma de ação e estabeleceu a Internet das Coisas a nível europeu, tornando-se a força motriz por detrás dela.

1.1 A caminho de uma Internet mais inteligente

Imagine um mundo em que milhares de milhões de objectos estão ligados através de um protocolo de Internet (IP) público ou privado e podem ter, perceber, comunicar e trocar informações. Quando estes objectos estão ligados, podem fornecer regularmente dados que são recolhidos por actuadores, analisados por computadores inteligentes na nuvem e utilizados para tomar medidas. Também fornece um manancial de informações e de inteligência para a esquematização, a gestão e a tomada de decisões, todas elas abrangidas pela definição de Internet das Coisas (IoT). Em 1999, Kevin Ashton introduziu o termo Internet das Coisas como um quadro para a gestão da cadeia de abastecimento. O conceito de IoT foi demonstrado em 1999 por um parceiro de identificação por radiofrequência (RFID) na comunidade de expansão [4]. A IoT tornou-se cada vez mais popular nos últimos tempos, principalmente devido à proliferação de dispositivos móveis, computação em nuvem, computação ubíqua e dispositivos incorporados. Independentemente dos meios de comunicação (RFID e redes de área alargada sem fios), as noções gerais de objectos são as de objectos legíveis, endereçáveis, localizáveis, reconhecíveis e controláveis através da Internet. Hoje em dia, os objectos não são apenas os dispositivos electrónicos com que esbarramos ou os produtos que impulsionam o desenvolvimento tecnológico, como os dispositivos em todos os domínios do ambiente e os veículos, mas também os objectos que normalmente não consideramos electrónicos, como o vestuário e os alimentos. Coisas

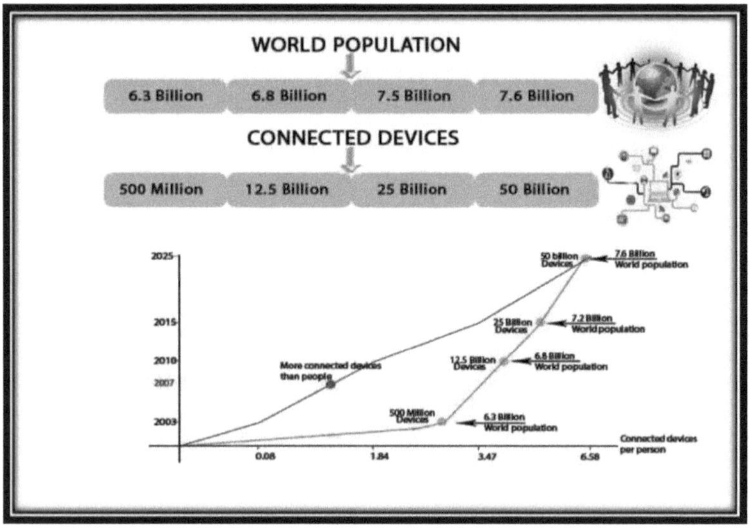

Figura 1.2 Internet das coisas e conetividade da população

representar a si próprios como pessoas, a localização dos objectos, o tempo, a informação sobre os objectos e o estado dos objectos. Estas "coisas" devem integrar-se sem problemas do mundo real no mundo virtual e poder ser activadas a qualquer momento através da conetividade. As raízes da IdC provêm do Massachusetts Institute of Technology (MIT), que criou um quadro para um centro de identificação automática em 1999 [5]. De acordo com o relatório do Cisco Internet Business Solution Group (IBSG), em 2003 havia quase 6,3 mil milhões de pessoas a viver na Terra e cerca de 500 milhões de objectos e dispositivos ligados às redes. Se dividirmos o número de dispositivos ligados pela população mundial, chegamos a menos de um (0,08) dispositivo por pessoa. O crescimento explosivo do mercado dos smartphones e dos tablets em 2007 fez com que o número de objectos ligados à Internet aumentasse para cerca de 12,5 mil milhões em 2020. A população mundial também aumentará para 6,8 mil milhões de pessoas, o que significa que haverá um dispositivo por cada pessoa. Se refinarmos ainda mais estes números, o Cisco IBSG afirma que a IoT "nasceu" entre 2008 e 2009. Atualmente, a IoT é um conceito que ainda está a ser considerado, como o desenvolvimento de redes inteligentes e veículos inteligentes. Olhando para o futuro, a Cisco estima que haverá cerca de 25 mil milhões de coisas ligadas à Internet em 2015, atingindo os 50 mil milhões em 2025. Recentemente, o número de dispositivos por pessoa pode parecer baixo porque o cálculo se baseia na população global. Uma grande parte desta população ainda não está ligada à Internet. Se conseguirmos reduzir a amostra da população às pessoas que têm efetivamente um dispositivo ligado, as estatísticas aumentarão drasticamente. Partindo do princípio de que sabemos que cerca de 2 mil milhões de pessoas utilizam e estão ligadas à Internet, o número de dispositivos ligados por pessoa aumentará para 6,25 mil milhões em 2010, em vez de 1,84 mil milhões [6].

1.2 A Internet das Coisas hoje

Muitos deles precisam de prestar muita atenção a esta inovação tecnológica e acelerar o ritmo de modelação da IoT emergente, acrescentando-lhe uma componente adicional. No entanto, os utilizadores finais dos sectores privado e industrial possuem atualmente conhecimentos suficientes para lidar com aplicações de rede e dispositivos inteligentes. À medida que o desenvolvimento da Internet das Coisas progride, o maior poder da IdC é apreciado através da colaboração com abordagens tecnológicas como a computação em nuvem com robótica, a Internet do futuro com grandes volumes de dados e a tecnologia semântica. É claro que estas tecnologias não são novas, mas surgiram recentemente como tecnologias relevantes que libertam sinergias através da sua combinação. No entanto, o termo IoT ainda está a evoluir e a amadurecer, especialmente devido aos vários factores que limitam a plena utilização da Internet das Coisas [7].
Entre estes factores, os seguintes parecem ser os mais importantes:

- Não existe um conceito claro para a utilização de um identificador único e a atribuição de um número

Figura: 1.3 Várias aplicações na Internet das Coisas

para salas para vários tipos de equipamento permanente e volátil à escala mundial.

- Não existe um conceito claro para a utilização e o desenvolvimento da Internet das Coisas com referência a uma arquitetura como o Modelo de Referência da Arquitetura (ARM) para um projeto IoT-A.
- Pequenos avanços na interoperabilidade semântica para organizar o intercâmbio de informações de sensores em ambientes heterogéneos.
- É difícil desenvolver um conceito claro para permitir a inovação, a propriedade e a confiança nos dados na Internet das coisas, respeitando simultaneamente os conceitos de segurança e privacidade num ambiente complexo.
- Dificuldades em melhorar as empresas que utilizam todo o potencial da IoT.
- A falta de um grande número de ambientes de teste e de aprendizagem que facilitem os testes com a complexidade da rede de sensores e estimulem a inovação através da reflexão e da experiência do conceito.
- A utilização de uma única parte pode ser uma interface, tendo em conta a quantidade crescente de informações e a procura de uma apresentação integrada no contexto.

Ao ultrapassar estas barreiras, é possível uma melhor utilização da IdC, com potencial para uma maior interatividade entre domínios, melhorando a utilização de um espaço infinito de resolução de problemas no mundo real.

1.3 Vantagens da IoT

A maioria dos participantes e dos consumidores concordou que a Internet das Coisas oferecerá uma série de benefícios a milhares de milhões de consumidores e trará inúmeras vantagens potencialmente revolucionárias. Uma das áreas críticas e promissoras em que a IdC está a emergir é a dos cuidados de saúde. Se as braçadeiras de tensão arterial e as bombas de insulina puderem ser ligadas a aplicações para telemóveis ou tablets e permitirem que os utilizadores acompanhem, registem e monitorizem os seus próprios sinais vitais, isso poderá ser feito remotamente pelos participantes, sem necessidade de se deslocarem a um consultório médico. Isto é particularmente benéfico para os doentes idosos, para quem a ligação a um dispositivo de saúde e a opção de tratamento ajuda a gerir a saúde da família em casa sem ter de ir ao médico, evitando a hospitalização prolongada que as unidades de saúde de longa duração proporcionam. Este exemplo é um dos grandes benefícios da tecnologia IoT. Recentemente, podemos estimar a dimensão futura do mercado da IdC. Pode abranger uma vasta gama, mas a maioria das empresas administrativas e industriais concorda que a IoT irá eclipsar um novo mercado. No mercado atual, o dispositivo mais completo e completo para clientes e consumidores é um telemóvel. Pegue na sua família e conte o número de telemóveis que tem atualmente. Depois, contem o número de luzes, portas, janelas, frigoríficos, tomadas, aplicações, aquecedores e aparelhos de ar condicionado que possuem [8]. Compreenderá e verá rapidamente por que razão o negócio e o mercado da IdC ultrapassarão o mercado dos telemóveis, não em todo o mundo, mas pelo menos no mundo ocidental. Com a introdução da IoT, pode agora aceder a todas as aplicações em questão,

- Comunicação máquina-infraestrutura.
- Gestão automática do tráfego.
- Rastreio de bens e mercadorias durante a viagem.
- Comunicação máquina-a-máquina
- Acompanhamento e controlo do ambiente.
- Telemedicina: acompanhamento à distância dos doentes, identificação e autenticação dos doentes, entrega de medicamentos.
- Automação de edifícios para residências e empresas.
- Monitorização remota da segurança e do controlo.

As aplicações "Smarts" incluem cidades, serviços públicos, redes, contadores, cuidados, etiquetas, animais, agricultura, ambiente, transportes e produção de energia.

1.4 Panorama da dissertação

- O capítulo dois apresenta a revisão da literatura. O objetivo deste capítulo é familiarizar outros trabalhos de investigação com os vários aspectos e a investigação em IoT.
- O terceiro capítulo descreve as várias aplicações da IdC. Este capítulo tenta mostrar a variedade de aplicações da IdC que podem ajudar os investigadores e as pessoas interessadas a descobrir como podemos utilizar a IdC na nossa vida e no nosso ambiente, por exemplo, nos transportes, nos cuidados de saúde e na indústria, etc.
- O capítulo quatro apresenta alguns protocolos na IoT. Um dos protocolos críticos baseados no trabalho dos investigadores é o protocolo de transporte de telemetria

de enfileiramento de mensagens (MQTT). O MQTT é leve, fácil de implementar e adequado para dispositivos com pouca bateria. O MQTT funciona de acordo com o modelo de publicação/assinatura, pelo que é adequado para a comunicação entre pequenos dispositivos sensores e um intermediário.

- O capítulo cinco contém uma simulação utilizando o simulador NS2. Neste capítulo, a tese centra-se numa nova técnica para melhorar a eficiência energética dos nós, o que esta simulação fez bem através da mensagem de carácter MQTT (publish/subscribe).
- O sexto capítulo aborda o desafio da investigação sobre a IdC. Neste capítulo, são apresentados vários desafios que devem ser considerados pelos investigadores. A IdC é uma tecnologia emergente. Esta nova tecnologia deve ser adoptada por algumas organizações e tecnologias.
- O capítulo sete apresenta as conclusões e o trabalho futuro deste trabalho de investigação. Além disso, a aplicação do MQTT é apresentada neste capítulo.
- As referências a este trabalho de investigação constam da bibliografia.

CAPÍTULO 2
Revisão da literatura relevante

O objetivo deste capítulo é destacar os principais aspectos da IdC, as suas aplicações ubíquas e o seu potencial.

2.1 Cidades inteligentes utilizando o exemplo de Singapura.

No seu ensaio [9], Arun Mahizhnan apresenta o caso de Singapura como um país inteligente. Descreve Singapura como uma "nação insular" sem recursos naturais (petróleo, gás, minas), o que levou o governo a passar de uma economia industrial para uma economia da informação na década de 1990. Mostra que, desde 1980, os responsáveis pelo planeamento económico de Singapura se empenharam no desenvolvimento tecnológico do sector dos serviços industriais e das infra-estruturas de TI para fins de comércio de mercadorias. Noutra secção do presente documento, mostra-se que o ensino das TI em Singapura começou em 1997. No final desse ano, o número de profissionais de TI em Singapura era de 30 000 e aumentou 15% no ano seguinte. Singapura foi o primeiro país do mundo a dispor de uma infraestrutura nacional de informação (NII). Antes de 2000, todos os lares dispunham de uma ligação coaxial à rede nacional de fibra ótica e, com a introdução da infraestrutura IoT, a qualidade de vida em Singapura aumentou rapidamente graças à política de informação de três fornecedores de serviços de acesso à Internet (IASP). Os IASP fornecem a rede de acesso familiar (FAN). As FAN são utilizadas no software de rastreio integrado, como o NetNanny e o SurfWath. Este software permite que os pais acompanhem o acesso dos seus filhos a estas redes quando lhes apetecer. A infraestrutura das cidades inteligentes foi construída sobre esta base sólida de infra-estruturas de TI.

2.2 Aplicação da tecnologia RFID para a logística na Internet das Coisas.

Chunling Sun introduziu num artigo [10] o componente-chave da IdC - a identificação por radiofrequência (RFID), que é semelhante à tecnologia dos códigos de barras. A RFID oferece vantagens como a localização de bens, a prevenção da contrafação e a monitorização das condições de segurança, tornando-a parte integrante da revolução tecnológica com os dispositivos móveis e a Internet. Neste artigo, são apresentados três componentes da RFID. O primeiro componente são as etiquetas RFID, que são fixadas aos bens e contêm informações sobre os bens ou artigos. Em segundo lugar, os interrogadores RFID comunicam com as etiquetas RFID. Em terceiro lugar, o sistema backend, como o interrogador RFID, pode ser ligado à base de dados central. A base de dados central contém informações adicionais, como o preço de cada etiqueta RFID. Além disso, o autor identificou três categorias de RFID: RFID passiva, RFID ativa e semi-passiva. Outra parte do presente documento aborda os domínios da gestão da cadeia de abastecimento, da manutenção de aeronaves, do comércio retalhista, dos cuidados de saúde e do tratamento de bagagens,

Combate à contrafação. O ponto mais importante é que a tecnologia RFID está omnipresente na vida moderna.

2.3 A avaliação da Internet das coisas.

Jim Chase apresentou uma definição profissional de IoT num ensaio [11], afirmando que cria uma rede inteligente, controlada, programada e invisível que é capaz de sentir. A IoT adoptou tecnologia incorporada nos (dispositivos inteligentes) e permite-lhes comunicar com outros objectos. Prevê-se que esta comunicação possa atingir milhares de milhões de dispositivos até 2020. Noutra parte do presente documento, a IoT do futuro é apresentada com exemplos adequados. Explica que, se eu tiver reservado um quarto num hotel, o serviço de reservas do hotel sabe quando vou chegar ao hotel, porque lhes permiti seguir a minha localização, e também sabe que não estou a suar durante a viagem, porque a temperatura e a humidade são detectadas por uma parte do meu relógio inteligente. O sensor consegue detetar o meu smart valet e a porta abre-se automaticamente e o carro ajusta o meu lugar com o meu smart valet. Quando chego ao átrio do hotel, as aplicações das chaves de segurança estão disponíveis no meu telemóvel. Quando entro no elevador, a temperatura ambiente ajusta-se ao sensor do meu smartwatch. A luz, a música e a total privacidade também serão os meus requisitos. Quando quero dormir, a temperatura do quarto ajusta-se e a aplicação "Secure Key" monitoriza a porta. Este artigo introduz o conceito da atual IoT. Destaca os actuais fabricantes de M2M que estão a tentar integrar sistemas ligados à Internet em sistemas de alarme que podem gerir a localização de activos de elevado valor e a gestão de frotas. Este documento apresenta um cenário em que os clientes já ligaram termóstatos, controlos de iluminação, música, contadores de energia, transmissão remota de vídeo, sistemas de irrigação e sistemas de piscina, todos eles normalmente testados através de um serviço comercial topo de gama. Estes dispositivos também podem ser geridos através de um Centro de Operações de Rede (NOC).

2.4 IP para propriedade inteligente.

Adam Dunkels e JP Vasser afirmaram num documento [12] que a IP tem potencial para fornecer as qualidades e capacidades necessárias à criação da IdC e a escalabilidade necessária para ligar milhares de milhões de dispositivos de comunicação. O IP já suporta uma grande variedade de aplicações, como o correio eletrónico, a WWW, a telefonia via Internet, o vídeo e as ferramentas comuns, e constitui a pilha específica normalizada, leve e baseada em plataformas para dispositivos inteligentes e objectos incorporados. Os objectos inteligentes permitem uma série de aplicações que melhoram a vida em várias áreas, como os cuidados de saúde, a segurança e a gestão da segurança. Mais recentemente, com o advento da IdC e dos dispositivos incorporados de baixo custo para efeitos de implementação da IdC, o IP provou ser adequado para satisfazer os requisitos rigorosos de redes altamente limitadas para objectos inteligentes.

2.5 A Internet das Coisas é uma coisa normal.

Num artigo [13], Karen Bartleson fala da maior revolução tecnológica que a humanidade já viveu. Bartleson acredita que a IoT não pode ser a maior revolução tecnológica sem a implementação de normas e fundamentos da IoT. A IdC é nova e existem muitas possibilidades que devem ser consideradas e adoptadas pelos cientistas. Existem dois tipos de dispositivos portáteis, um para médicos em hospitais e outro produto portável não médico que está a aparecer em todo o lado. As normas para os dispositivos portáteis são Wi-Fi, 2G/3G/4G, comunicação de campo próximo (NFC) e Bluetooth. Outra parte deste documento aborda o tema das casas inteligentes, no qual é mencionado o Zigbee [13]. O Zigbee permite dispositivos com bateria de longa duração, baixo débito de dados e ligação em rede segura a longas distâncias. Este artigo também se refere aos automóveis inteligentes, em que muitos automóveis comunicam com os seus proprietários através de RFID, utilizando um telemóvel ou um computador. Isto permite que os proprietários recebam muitas notificações de diferentes partes do veículo, por exemplo, quando a pressão dos pneus é baixa. As Nações Unidas prevêem que, em 2025, dois terços da população mundial viverão numa cidade. Mesmo em Paris, atualmente, todos terão 70 ou 80 anos e calcula-se que pelo menos cinco anos da vida de uma pessoa serão passados à procura de um lugar de estacionamento livre.

2.6 A Internet das coisas: uma panorâmica.

Luigi Atzori, Antonia Lera, Giacomo Morabito num artigo [14]. Têm uma definição específica de IoT. Introduzem que a IoT significa semanticamente uma rede global de objectos interligados que são exclusivamente endereçáveis com base em protocolos de comunicação normalizados. Neste documento, os autores referem-se ao componente-chave da IdC como a identificação por radiofrequência (RFID). A RFID tem um ou mais leitores e várias etiquetas, e este sistema pode ser utilizado para localizar e monitorizar objectos em tempo real. Os autores efectuaram uma comparação técnica entre RFID, RSSF e redes de sensores RFID sob a forma de ilustrações:

1. O sistema RFID é adequado para dispositivos pequenos, económicos e não limitados pela duração da bateria.
2. As RSSF são um tipo de paradigma de comunicação com elevada cobertura de rádio. As RSSF não requerem a presença de um leitor.
3. A rede de sensores RFID é capaz de suportar sensores e dispositivos informáticos e estabelecer comunicação para o sistema passivo.

Dvice	Process	Sensing	Communicat	Range(m)	Power	LifeTime	Size	Standard
RFID	No	No	Asymmetric	10	Harvested	Indefinite	Very small	ISO 18000
WSN	Yes	Yes	Asymmetric	100	Battery	>3 Years	Small	IEEE 802.15.4
RSN	Yes	Yes	Asymmetric	3	Harvested	Indefinite	Small	None

Figura: 2.1 Comparação dos principais componentes da Internet das Coisas [14].

Além disso, este documento refere-se a uma aplicação na IoT. Foram distribuídas quatro aplicações importantes:

1. Transportes: Automóveis, comboios, aviões, autocarros, bicicletas e até mesmo estradas avançadas podem tornar-se mais inteligentes graças a sensores, poder de computação e actuadores. As estradas com sensores inteligentes podem enviar informações e notificações importantes para os centros de controlo de tráfego.
2. Setor dos cuidados de saúde: Há muitos benefícios no sector da saúde e a aplicação resultante pode ser a localização de objectos e pessoas.
   A. Seguimento: O objetivo da localização é identificar uma pessoa ou outro objeto inteligente em movimento. Ao utilizar ambulâncias de rastreio, a equipa médica pode ficar a postos no hospital e preparar a sala de operações em alguns casos sensíveis.
   B. Identificação e autenticação: ajuda a identificar o doente para evitar que este tome medicação prejudicial (colheitas, hora, dose erradas). Pode ser utilizada para cumprir os requisitos importantes dos procedimentos de segurança para evitar o roubo ou a perda de produtos críticos, instrumentos e informações sobre os doentes.

   C. Captura de dados: O principal objetivo da captura automática de dados é reduzir o tempo necessário para o processo, o processo de manutenção automatizado, a autenticação e os controlos processuais.
   D. Captura: O dispositivo sensor permite uma função centrada no doente e também fornece dados em tempo real sobre o estado de saúde do doente em qualquer altura e em qualquer lugar.
3. Ambiente inteligente: Inclui várias categorias, algumas das quais são pontos importantes:

A) Em casa e no escritório: sensores inteligentes distribuídos por toda a casa e escritório podem proporcionar mais conforto de várias formas. O aquecimento da divisão pode ser controlado pelo utilizador, a iluminação da divisão pode ser alterada pelo utilizador em função da hora do dia. O sistema de alarme pode proteger a família e a energia também pode ser poupada no escritório graças a sensores inteligentes que recolhem dados de todo o edifício.

B) Industrial: Com a ajuda da RFID, é possível melhorar a automatização no sector industrial. Num cenário comum, a produção chega ao ponto de processamento e, em seguida, as etiquetas são lidas por leitores RFID, onde o leitor pode capturar um evento e os dados necessários, como o número RFID, e armazená-los na rede. Esta atividade RFID pode proporcionar confiança em determinados casos, como uma emergência. Se os dispositivos que o consomem responderem adequadamente, o sistema robótico desliga imediatamente o sistema e o gestor pode ver imediatamente o estado do dispositivo. Este processo é conhecido na indústria como Enterprise Resource Planning (ERP).

C) Monitorização social: Esta aplicação pode atualizar as informações nas nossas redes sociais, como o Twitter e o Plazes. O RFID ajuda a gerar eventos sobre as pessoas e o ambiente para fornecer actualizações em tempo real.

D) Furtos: Com esta aplicação, um utilizador pode seguir e monitorizar objectos de uma área restrita e indicar ao proprietário do imóvel ou ao pessoal do escritório qual o objeto que foi roubado. Neste caso, é enviada uma notificação ao proprietário e o utilizador é avisado de que esse objeto está a sair de um edifício sem qualquer autorização, como é o caso do computador portátil.

E) Perda de objectos: Um motor de busca ajuda a encontrar um objeto que não se lembra onde o deixou e, com a ajuda da base Web, o RFID pode localizar o objeto [14].

2.7 Elemento principal e enquadramento da Internet das Coisas.

Bhagyashri Katole, Mainkanta Sivapala e Suresh V. apresentam várias definições de IoT num documento [15]. Consideram que a IdC representa o futuro da tecnologia da computação e da comunicação, ou seja, o mundo da informação e da comunicação (TIC). Semanticamente, as TIC significam a capacidade de comunicar em qualquer altura e em qualquer lugar.

e para todos. A IoT é uma rede de objectos interligados que são exclusivamente endereçáveis e ligados através de protocolos de comunicação padrão. Neste artigo, os autores referem-se à comunicação M2M como IoT. Recentemente, a M2M é utilizada principalmente para recolher uma pequena quantidade de dados de máquinas, e a IoT vai mais longe, integrando dados de diferentes dispositivos. Noutra parte deste documento, os autores mencionam protocolos de comunicação como MQTT, COAP, XMPP, SOAP, UPNP e todos eles têm caraterísticas diferentes que podem ser utilizadas num cenário específico da IoT. O protocolo COAP suporta o envio de dados do sensor para os clientes e o COAP foi desenvolvido sobre UDP. O pedido COAP tem o seguinte formato.
GET COAP://[IoT device_IPv6_address>]:[<número da porta>]/[<resource URLs]
Outro protocolo é o MQTT (Message Queue Telemetry Transport). Este protocolo foi desenvolvido pela IBM como um protocolo de design leve e ajuda na

publicação/assinatura de mensagens. Este protocolo é ideal para ambientes com código fonte limitado. Quando as redes estão a funcionar em dispositivos incorporados com um processador limitado ou quando os recursos de memória estão disponíveis para uma largura de banda reduzida, este protocolo torna-se útil. Também aborda brevemente os desafios da IdC.

1. Sistema de entropia zero: Este problema envolve a utilização da conservação de energia. A energia é o principal desafio na Internet das coisas porque o sistema IoT é capaz de recolher energia do ambiente e não a pode desperdiçar durante o funcionamento.
2. Escalabilidade: refere-se à IoT, que consiste em milhares de milhões de dispositivos que não podem ser ligados através de uma rede.
3. Segurança e proteção de dados: Há um grande número de dispositivos na IdC. O problema com a segurança é que não podemos implementar algoritmos de segurança suficientes porque um dispositivo tem apenas capacidades limitadas. Os dados recolhidos, o momento da recolha dos dados e a localização da recolha dos dados devem ser mantidos confidenciais.

2.8 Comunicação máquina-a-máquina para sistemas inteligentes com MQTT.

Ullas BS, Anush S, Roopa J e Govinda Raju M. num artigo [16], apresentaram uma ilustração da solução, uma tecnologia inteligente para casa, implementada utilizando o protocolo MQTT. Os autores introduziram a placa cliente MQTT como um meio para executar, publicar e subscrever o protocolo, dependendo do tipo e dispositivo em casa ou na indústria. O microcontrolador, e o sistema inteligente monitorizado a partir de um local remoto utilizando as ferramentas do protocolo MQTT, ajuda a controlar casos de emergência. Este artigo contém um diagrama de blocos que mostra dois locais equipados com sensores. Em cada local existe um microcontrolador Atmega 328 com o requisito adicional de ligação à rede para que o sensor possa publicar dados no broker. Neste documento técnico, o cliente MQTT é implementado no Atmega 328, a tarefa do
Um microcontrolador Atmega 328 em cada local deve publicar os dados no servidor. Quando o sensor gera os dados para o corretor, pode ser utilizado um dispositivo adicional, como o LCD e o GSM, para melhorar a interface. Este diagrama de blocos também se refere ao cliente remoto, como o tablet. Por último, os clientes remotos subscrevem o tópico específico do sensor para aceder aos dados publicados como parte integrante de uma aplicação remota.

2.9 Conceção e implementação de um sistema de mensagens de barramento baseado em MQTT.

Konglong Tang, Yong Wang, Hao Liu, Yanxiu Sheng, num artigo [17], referem um método de notificação push baseado no protocolo MQTT e este cenário pode ser utilizado para resolver o problema do envio de várias mensagens do servidor para o cliente móvel. Além disso, o método é útil para o desenvolvimento de várias aplicações para dispositivos móveis.

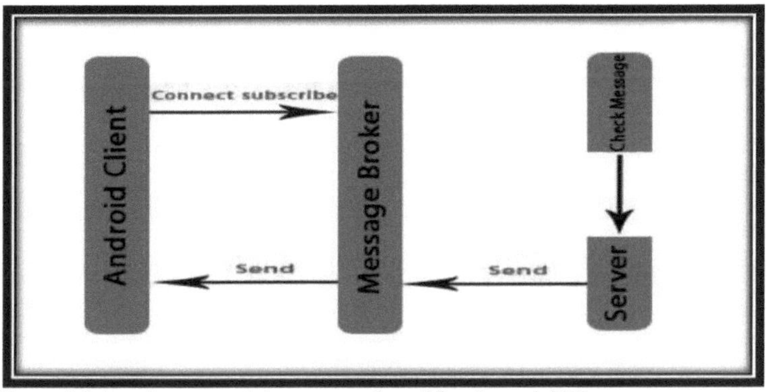

Figura: 2.2 Arquitetura geral do processo de notificação push [17]

1) O cliente determina a mensagem do endereço IP do anfitrião e um número de porta atribuído pelo MQTT. Depois de os ter atribuído, estabelece uma ligação com o objeto cliente MQTT. Na fase seguinte, o objeto MQTT subscreve um tópico para o qual são necessários os parâmetros de subscrição e de qualidade de serviço.

2) Os dados podem ser libertados para o servidor da interface do corretor diretamente através da função API fornecida pelo MQTT. As funções necessárias são a mensagem, a qualidade do serviço e o envio ou envio de mensagens para o corretor

3) Receber dados do broker para garantir que o subscritor pode receber dados. A função de retorno de chamada deve ser registada no MQTT aqui.

CAPÍTULO 3
Aplicação na Internet das Coisas

Este capítulo tenta mostrar a variedade de aplicações IoT que podem ajudar os investigadores e as pessoas interessadas a descobrir como podemos utilizar a IoT na nossa vida e no nosso ambiente, por exemplo, nos transportes, nos cuidados de saúde e na indústria, etc.

3.1 A Internet das coisas.

O termo "Internet das coisas" foi cunhado em 2000 por vários comités de desenvolvimento da RFID. Refere-se à capacidade de obter dados sobre etiquetas RFID procurando um endereço na Internet ou uma base de dados correspondente à etiqueta RFID em questão. Desde então, investigadores e cientistas cunharam o termo "Internet das Coisas", que se refere à ideia geral de objectos, incluindo objectos do quotidiano. Os objectos são endereçáveis, legíveis, controláveis, localizáveis e/ou reconhecíveis através da Internet. Os objectos incluem não só grupos de dispositivos electrónicos, mas também aparelhos e tecnologias sofisticados, como veículos e equipamentos. Os objectos, no pensamento comum, podem ser dispositivos electrónicos, alimentos, materiais, peças, abrigos, artigos de luxo, fronteiras e todas as categorias e variedades de cultura e comércio. Embora os investigadores definam a Internet das Coisas como um modelo para a comunicação de objectos, a natureza desta ligação continua por considerar. Há dois tipos de ligações consideradas ideais para a IdC pela definição de Protocolo Internet, mas os criadores do conceito de IdC insistiram no modelo de RFID como meio de comunicação [18] [3]. Tanto a interconexão de objectos do quotidiano como as redes de sensores têm utilizado um conjunto comum de avanços tecnológicos que vão no sentido da miniaturização, do processamento, da comunicação sem fios, da conservação e da deteção eficiente em termos energéticos. Recentemente, os investigadores desenvolveram dois modelos de comunicação na Internet das Coisas: comunicação das coisas para as coisas e comunicação das coisas para as pessoas.

1. Comunicação de coisas para coisas: Incluindo aplicações e tecnologias em que os objectos do quotidiano e as infra-estruturas interagem sem um recetor ou originador humano. Os objectos são capazes de monitorizar outros objectos, tomar medidas e notificar as pessoas quando necessário. A comunicação máquina-a-máquina (M2M) é um subconjunto distinto da comunicação coisa-a-coisa. No entanto, a comunicação M2M ocorre frequentemente com uma extensa infraestrutura de TI e, por conseguinte, inclui também objectos que não podem ser descritos como "objectos do quotidiano".

2. Comunicação pessoa-a-coisa ou (coisa-a-pessoa): abrange uma gama de aplicações e tecnologias em que as pessoas interagem com objectos e vice-versa.

versa. Esta comunicação inclui o acesso remoto a coisas por pessoas e objectos que têm constantemente um relatório sobre a sua localização, dados de sensores e estado [7].

3.2 Aplicação inteligente na IoT.

Nesta secção, apresentamos várias aplicações, todas elas com funções importantes

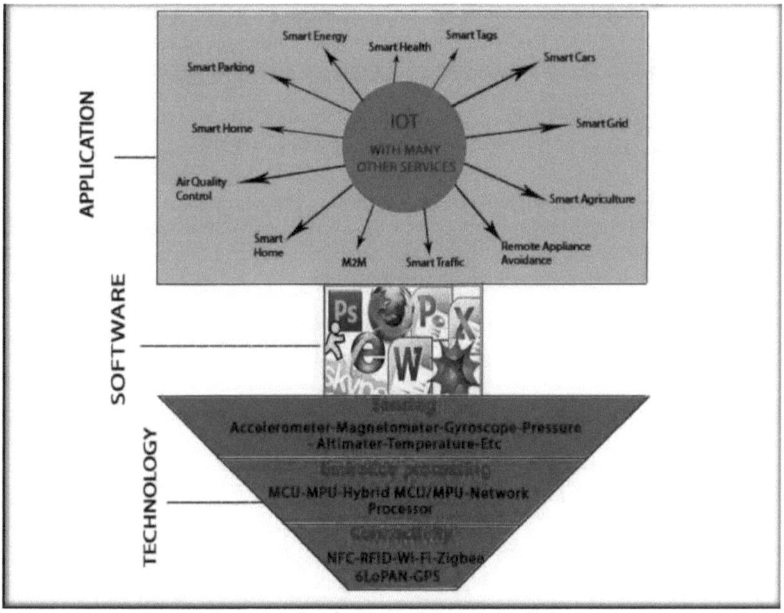

Figura 3.1 Quadro para a Internet das Coisas

Papel no contexto da IdC. A aplicação da IdC está relacionada com questões sociais e com os avanços em tecnologias como a nanoelectrónica e os sistemas ciber-físicos, que continuam a colocar vários desafios com a diversidade de questões tecno-económicas.

3.2.1 Cidades inteligentes

Em 2010, a IBM anunciou o desenvolvimento de corredores de cidades inteligentes que estão integrados em cidades baseadas em infra-estruturas. As Nações Unidas também prevêem que quase 60 % da população mundial viverá em cidades até 2025. A urbanização irá alterar o cenário de melhorias e influenciar a mobilidade e a vida pessoal no futuro. Com a rápida expansão das fronteiras urbanas, enfrentamos vários desafios face ao crescimento demográfico. O governo central terá de desenvolver as infra-estruturas urbanas e a cidade para a expansão interna e externa, incluindo novas cidades para ligar as megacidades com

cerca de 10 milhões de habitantes. Em 2023, existirão 30 megacidades em todo o mundo, 55% das quais nos países em desenvolvimento da Rússia, China, Índia e América Latina [19]. Existem oito caraterísticas inteligentes para as cidades inteligentes, incluindo a economia inteligente, a energia inteligente, a construção inteligente, a mobilidade inteligente, os cidadãos inteligentes, a governação inteligente, o planeamento inteligente e as tecnologias de informação e comunicação inteligentes. Até 2025, existirão 40 cidades inteligentes em todo o mundo. As cidades inteligentes terão uma área de aplicação crucial na IdC. A partir das operações quotidianas das cidades e das estratégias de desenvolvimento urbano, estas impulsionarão a utilização da IdC. Por conseguinte, as cidades e os serviços urbanos serão uma plataforma de investigação ideal para a Internet das Coisas. Um investigador pode resolver os problemas e as necessidades das cidades com a ajuda da tecnologia IoT. Na Europa, um dos maiores cenários de iniciativas de cidades centradas na IoT é considerado pelo projeto "FP7" smart standard [20]. Este projeto tem como objetivo o desenvolvimento da infraestrutura IoT, que inclui a enorme quantidade de dispositivos IoT implantados em várias cidades. Este projeto visa a implantação e a avaliação de serviços através de várias experiências de investigação. Outro projeto é o "outsmart". Este projeto centra-se nos serviços públicos em diferentes partes da cidade e analisa o papel da IdC na gestão da água, no sistema de transportes, na iluminação pública e na vigilância da cidade [21]. O projeto "Butler" tem uma visão das cidades inteligentes como um "domínio horizontal". Existem muitos cenários, factores integrados e facilitadores para uma vida inteligente [22]. A figura seguinte mostra as diferentes medidas que podem ser adoptadas para as cidades inteligentes. Obviamente

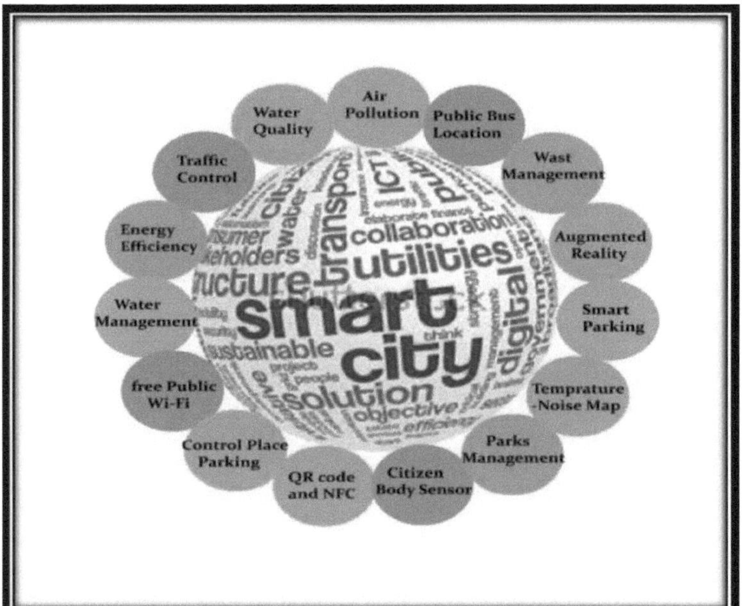

Figura 3.2 Conectividade da cidade inteligente com várias aplicações

a figura das cidades inteligentes inclui e pressupõe a utilização de tecnologias de comunicação heterogéneas.

Devido à utilização de vários serviços IoT omnipresentes, existem numerosos estudos de impacto no contexto das cidades inteligentes.

1. Criação de um algoritmo específico para descrever os dados gerados por aplicações de sensores em toda a cidade, a fim de trocar informações entre diferentes cidades.
2. Criação de mecanismos específicos para a utilização de sistemas rentáveis e de fácil manutenção com o objetivo de poupar energia.
3. Criação de valores de medição específicos e fiáveis a partir de sensores e gradações específicas de um grande número de sensores em qualquer local, como caixotes do lixo e candeeiros urbanos
4. A criação requer dados e a criação de um protocolo específico de baixo consumo de energia
5. Criação de algoritmos específicos para analisar e tratar os dados necessários e transmiti-los aos consumidores de forma significativa.
6. Integração e provisionamento personalizados para a escala da IoT.

3.2.2 Redes inteligentes e energia inteligente

Atualmente, somos confrontados com uma crescente sensibilização do público para a mudança do cenário do consumo de energia na sociedade. Por inúmeras razões, o futuro do aprovisionamento energético já não se baseia nos recursos naturais. A energia nuclear está também associada a muitos problemas e catástrofes para a sociedade e o ambiente. No futuro, qualquer abastecimento deve basear-se em recursos renováveis. Devemos concentrar-nos na procura e substituição de energia para o nosso consumo e no comportamento de reforma energética. A rede eléctrica é capaz de responder às flutuações de energia. Pode controlar os recursos de energia eléctrica, como a produção, o armazenamento e o carregamento, através de uma reconfiguração adequada. O futuro da rede inteligente será caracterizado por um grande número de recursos energéticos distribuídos e centrais eléctricas que se combinam ad hoc para formar uma central eléctrica virtual. Espera-se que o desenvolvimento da rede inteligente utilize um novo conceito de rede de transporte capaz de encaminhar a energia produzida por centrais distribuídas e concentradas para o consumidor final de forma direcionada. O conceito de "Internet da Energia" é definido como uma infraestrutura de rede baseada em transceptores de comunicação interoperáveis e normalizados. Os protocolos e os gateways estão relacionados com o equilíbrio em tempo real da produção local e global com a procura de energia. A Internet da Energia (IoE) oferece um novo paradigma para monitorizar e otimizar a energia e a distribuição de energia. A poupança de energia pode ser conseguida através de uma maior sensibilização dos utilizadores para o consumo futuro de energia [23]. Neste caso, as métricas inteligentes podem gerar dados de consumo para o utilizador, a fim de evitar o desperdício de energia.

Alguns desafios de investigação para as redes inteligentes e a energia:

1. A tecnologia deve ter em conta a privacidade dos utilizadores
2. Requisitos de segurança dos utilizadores e comunicação de segurança
3. As poupanças de energia devem ser fiáveis: actuadores/sensores inteligentes
4. Necessidade de um modelo em tempo real para a interação de sistemas heterogéneos
5. A rede eléctrica deve responder correta e rapidamente às fontes de energia renováveis, como uma instalação solar.

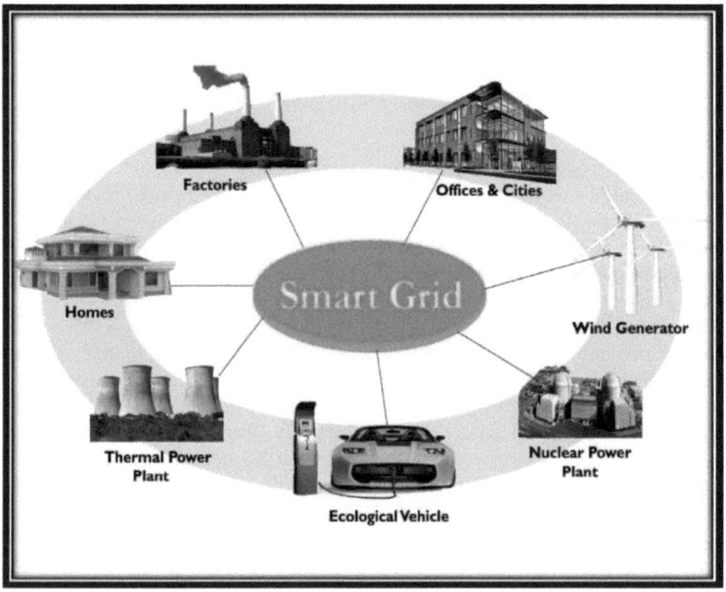

Figura: 3.3 Facilidade de utilização da rede inteligente no ambiente

3.2.2.1 Termóstatos:

O Nest é um dos termóstatos mais inteligentes do mundo que pode ajudar os proprietários a consumir até 20% menos energia. O termóstato Nest pode poupar cerca de 173 dólares por ano e amortizar o investimento inicial em dois anos [24]. O Nest Sensor dispõe de vários sensores.

1. Sensores de humidade

2. Sensor de temperatura: mostra a rapidez com que a temperatura ambiente muda
3. Sensores de atividade: todos os habitantes da casa podem reconhecer o estado do tempo
4. Sensores meteorológicos

Figura: 3.4 Termóstatos inteligentes

O Nest é muito inteligente porque recolhe dados e começa a aprender a rotina diária de desempenho e satisfação do utilizador com a temperatura. O Nest combina os dados de temperatura que recolhe com o tempo exterior e ajusta a temperatura à hora do dia e o tempo no interior da casa ao conforto da pessoa que está na casa. O Nest pode ser controlado remotamente através do telemóvel e do computador do utilizador. Além disso, o Nest pode enviar o consumo mensal de energia para o utilizador. O Nest também tem vários sensores e alarmes, como um alarme quando é altura de mudar os filtros de ar. Isto pode reduzir o arrefecimento/aquecimento e poupar 5% nas facturas [25].

3.2.2.2 Contadores de eletricidade inteligentes

Os contadores inteligentes podem permitir uma comunicação em tempo real e bidirecional entre os serviços de utilidade pública e o cliente.

Figura: 3.5 Contadores inteligentes para empresas de serviços públicos

Os contadores inteligentes permitem que os consumidores recebam informações pormenorizadas sobre o seu consumo de eletricidade [26]. Os contadores inteligentes permitem que os consumidores recebam informações pormenorizadas sobre o seu consumo de eletricidade [26]. Além disso, os contadores alteram o consumo em função do preço, enviando uma notificação aos consumidores. As facilidades dinâmicas para a utilização de energias renováveis, como a eólica e a solar, podem tornar o consumo de energia e os preços mais eficazes. Podem tornar o consumo mais barato e incentivar os clientes a utilizar estas fontes de energia quando a capacidade extra está disponível. Os contadores inteligentes podem armazenar e ler o consumo de eletricidade dos utilizadores.

Os serviços de utilidade pública podem ler o contador inteligente para recolher automaticamente informações sobre o consumo à distância, mas a leitura manual do contador pode levar a uma perda de tempo, de dinheiro e de dores de cabeça para os empregadores. A leitura remota do contador inteligente pode aumentar a confiança dos empregadores e conduzir a poupanças de tempo e dinheiro para os serviços públicos [27].

3.2.2.3 Turbinas eólicas

Uma nova geração de turbinas eólicas utiliza dados da rede e sensores para um funcionamento eficiente. Ambos podem ajudar a reduzir o custo da energia limpa e melhorar a produção de eletricidade. Equipada com sensores e algoritmos específicos para analisar os dados dos sensores, a nova geração de turbinas (GE). GE pode otimizar a produção de energia e manter as turbinas a funcionar em condições de vento flutuantes. A energia eólica atual

Figura: 3.6 Energia eólica

nos EUA, qualquer GE de mercado pode ajudar a reduzir o custo da energia eólica de 15% por quilowatt-hora para 6,5% por hora [28].

3.2.3 Rastreio inteligente de activos

Existe um sector com mais de 20 anos que pode ser utilizado para decidir sobre a aplicação da IdC, mesmo para a primeira iteração em que o IP não era utilizado. O seguimento de frotas expandiu-se

através de aplicações que têm sido desenvolvidas ao longo dos anos. Com o advento dos transportes inteligentes e dos dispositivos ligados à Internet, estão a surgir novas oportunidades e aplicações que proporcionarão novas funcionalidades para um transporte fácil e seguro. Os veículos conectados são o conceito de Internet dos Veículos (IoV) [29], inaugurando o futuro das aplicações de transporte e mobilidade. Atualmente, existe apenas uma compreensão limitada do comportamento dos condutores que afecta e é adotado pelo sistema ciber-físico de controlo do tráfego. Quando falamos de IoT e do contexto do automóvel, podemos ser confrontados com um cenário de aplicação inteligente [30].

1. Deve ser introduzida uma norma para a alteração da tensão na eletrónica de potência e deve também ser tomada a decisão de os processos de carregamento serem controlados pelo sistema global num veículo ou numa estação de carregamento.
2. Precisamos de uma função técnica para o sistema de bordo dos veículos que possa ser monitorizado em linha por um centro de assistência. Uma solução para este cenário são os sistemas de bordo em que os sensores recolhem dados de vários trajectos e comunicam com um centro de serviço através da Internet.
3. A gestão e o controlo do tráfego devem ser organizados de modo a evitar o congestionamento e a otimizar o consumo de energia dos automóveis. Isto pode ser resolvido através da coordenação e cooperação com um sistema integrado que gere e controla a infraestrutura de transportes urbanos. A tarifação dinâmica das estradas e do estacionamento pode ser um elemento importante da política de transportes.

O sensor inteligente na estrada deve recolher dados de vários sensores ligados na estrada e transmiti-los ao centro de controlo do tráfego. Os sensores devem recolher dados sobre o estado, o tráfego e as condições climatéricas. Os sensores e os actuadores devem ser capazes de transmitir informações ao centro de controlo, por exemplo, através de um protocolo de comunicação M2M fiável que tenha em conta o tempo, a segurança e a proteção.

A investigação no domínio dos dispositivos de localização coloca uma série de desafios:

1. Sensores e actuadores inteligentes robustos e energeticamente eficientes em estradas e veículos
2. Comunicação segura com sensores e comunicação entre veículos
3. Identificar e monitorizar sistemas-chave, alertar e reconhecer o estado do sistema no momento adequado.

4. Garantir um nível adequado de confiança e segurança entre os diferentes sectores da informação.

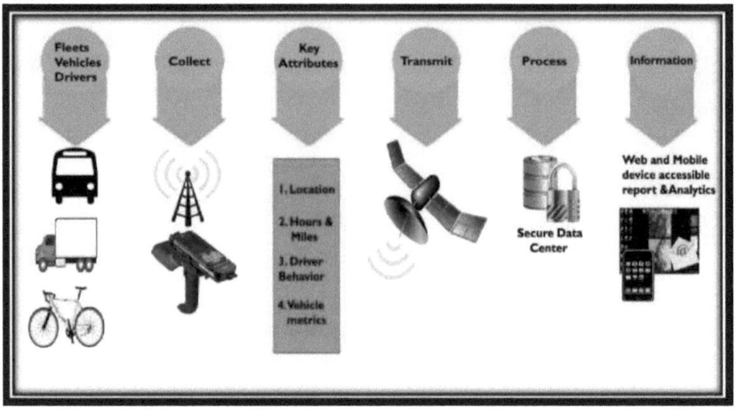

Figura: 3.7 Processo principal de localização de activos na Internet das Coisas

3.2.4 Domótica

Com a tecnologia Wi-Fi em casa, a automatização no conceito de IoT vai ser adoptada rapidamente. A tecnologia Wi-Fi tem sido essencialmente uma forma de ligação em rede de dispositivos electrónicos, em que aparelhos electrónicos como a televisão e o telemóvel começaram a fazer parte da rede IP doméstica, também para aumentar a taxa de adoção da computação móvel. A domótica é um conceito de monitorização, controlo, gestão e automatização de todos os dispositivos electrónicos da nossa casa, como o televisor, a iluminação, a refrigeração/aquecimento, o termóstato, a videovigilância, a fechadura da porta, etc. A automatização doméstica existe há décadas, mas está a evoluir de uma solução dispendiosa para um produto comum. As aplicações IoT que utilizam vários sensores com os dados recolhidos sobre as condições de funcionamento

e combinados com software de análise alojado na nuvem. Estas análises podem fornecer ao gestor do edifício diferentes tipos de informação. Há questões relacionadas com a propriedade dos edifícios, como quem paga os custos iniciais do sistema e quem colhe os benefícios. Infelizmente, existe uma falta de cooperação com os subsectores da indústria da construção e a introdução de novas tecnologias.

3.2.4.1 Quadro Internet para um sistema doméstico inteligente

Na Internet das casas inteligentes, há uma variedade de dispositivos que podem ser ligados entre si para permitir a comunicação entre pessoas e dispositivos, de dispositivo para dispositivo.

Suponhamos que ocorre uma fuga de gás na cozinha. Quando o sensor na cozinha detecta a fuga de gás, envia uma mensagem através de comunicação sem fios para o controlador do valor do gás, que desliga o tubo de gás. Além disso, os sensores enviam uma mensagem ao controlador do exaustor para que este arranque de forma adequada. Todas estas operações são auto-controladas. Em alguns casos, o sistema inteligente opta pela comunicação sem fios de curto alcance (SDWCT) para controlar o sistema e o ambiente. No contexto do futuro da IoT, a casa e o edifício inteligentes podem ser vistos como um grande sistema de informação. Os sistemas podem ser utilizados pelo gestor das instalações para manter o sistema. No contexto da redução de custos, as RSSF podem transformar a automação de edifícios, reduzindo efetivamente a manutenção do consumo de energia e os custos [31].

3.2.5 Cuidados de saúde

O número de dispositivos ligados está a aumentar rapidamente, o que significa uma melhoria nos cuidados de saúde. Nos últimos 10 a 15 anos, os fornecedores de dispositivos médicos têm vindo a ligar-se cada vez mais a telemóveis, iPods, iPhones, computadores, Wi-Fi e cartões de comunicação. Há muitas empresas a trabalhar na integração de dispositivos médicos e na gestão remota de doentes. Recentemente, os produtos e dispositivos de cuidados de saúde individuais foram concebidos com um objetivo de custo em mente. No entanto, o objetivo de tal conceção deve ser reduzir os custos tecnológicos [32].

Existem muitas ligações entre as aplicações no sector da saúde, que apresentamos a seguir.

1. A aplicação deve suportar uma interface de utilizador.
2. A aplicação deve recolher dados dos sensores.
3. A aplicação requer uma ligação à rede para aceder aos serviços de infra-estruturas
4. A aplicação deve ser eficiente em termos energéticos, durável, fiável e precisa.

Actividades recentes e investigadores estão a tentar desenvolver o dispositivo inteligente com o ideal

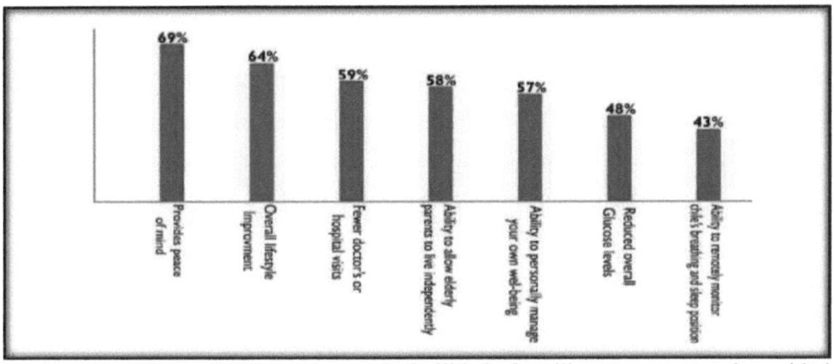

Figura: 3.8 Percentagem de facilidade de utilização no sector dos cuidados de saúde

Plataforma para a Internet das Coisas (IoT), para a deteção por sensores e a transmissão de dados do sensor do corpo do paciente para o servidor para analisar o estado de saúde do paciente. Existem aqui cenários importantes no sector da saúde

1. Rastreio de objectos, especialmente para pacientes e pessoal:
   O alvo da identificação é uma pessoa ou um sensor em movimento. O rastreio de sensores em movimento é uma parte importante dos cuidados de saúde. Disponibilidade de material e preparação de algumas salas de operações em alguns doentes sensíveis, como os pacotes de sangue [33].
2. Identificação e autorização dos pacientes:
   A identificação protege o paciente de riscos perigosos (medicação errada, hora errada, etc.), especialmente em pacientes mais velhos, e os sensores podem salvá-los de uma catástrofe.
3. Recolha de dados:

   Os dados podem ser registados utilizando um sensor inteligente ou um sensor corporal inteligente. Além disso, os dados devem ser transferidos para o servidor de saúde para serem analisados. A recolha de dados pode ser feita remotamente, digamos que temos um caso com um sensor corporal. O leitor ligado ao local onde se encontra o doente pode recolher dados a cada segundo e enviá-los para o servidor após uma análise rápida, que os reencaminha para os médicos no PC. Os médicos com monitorização remota podem tomar medidas adequadas para os doentes.

3.6.6 Agricultura inteligente

A agricultura sustentável pode cumprir as actividades sociais de proteção dos recursos naturais e das terras para a geração futura. O conceito de IoT pode ajudar a poupar terra e água, monitorizando e melhorando a produtividade e os agricultores. A IoT ajusta várias operações para melhorar a produção e a qualidade da agricultura [34]. Esta prática pode proporcionar oportunidades suficientes para poupar recursos, dado que cerca de 60% da água bombeada para irrigação é desperdiçada na agricultura tradicional [35]. Além disso, os consumidores podem ter confiança na segurança dos alimentos através do rastreio e da monitorização dos produtos. Há muitas aplicações e técnicas úteis na agricultura, que mencionamos a seguir.

3.6.6.1 Tractores ligados

Os tractores precisam cada vez mais de dados para ajudar os agricultores a otimizar o seu trabalho

Figura: 3.9 Tractores inteligentes

A densidade óptima do fardo de feno depende do teor de humidade do solo. Ao implementar o GPS nos tractores, o campo pode ser totalmente integrado na exploração agrícola [36]. O GPS pode ajudar o agricultor a evitar o desperdício de sobreposições e plantações. Com a ajuda do GPS, os agricultores podem gerir a distribuição de fertilizantes com uma gestão específica para causar menos desperdício e poupar combustível e tempo, o que tem benefícios económicos e ambientais significativos.

3.6.6.2 Instalar as armadilhas para insectos na quinta

Com a ajuda da Z-Trap, uma armadilha eletrónica para insectos, o agricultor pode controlar remotamente a população de insectos para proteger os produtos na terra. Em 2010, as infestações de insectos nas explorações agrícolas dos EUA causaram quase 20 mil milhões de dólares em danos aos produtos dos agricultores, e estes gastaram 4,5 mil milhões de dólares só para proteger a exploração agrícola dos insecticidas [37]. Ao utilizar a Z-Trap, os agricultores podem proteger as suas culturas para evitar danos nos produtos. A Z-trap pode transmitir dados sem fios, incluindo a integração de GPS, e permite aos agricultores seguir o mapa e acompanhar o movimento de insectos maciços que podem detetar este cenário [38]. O rastreio remoto dá aos agricultores tempo suficiente para tomar medidas contra a massa de insectos. Ao utilizar o Z-Trap, os agricultores podem poupar tempo, dinheiro e dores de cabeça e minimizar a utilização de

Figura: 3.10 Exterminador de insectos Z-Trap

3.6.6.3 Dispositivo de irrigação para terra

O WaterBee é um sensor inteligente que recolhe dados do solo e sincroniza com outros sensores.

Figura: 3.11 Sensores de pavimento inteligentes

factores ambientais para reduzir o desperdício de água. O WaterBee pode recolher dados e analisar seletivamente a água de diferentes parcelas em função das necessidades [39]. Este dispositivo pode ser utilizado numa variedade de sectores, como explorações agrícolas, campos de golfe e vinhas. A utilização de sistemas de irrigação inteligentes pode poupar tempo, dinheiro e água. Na Europa, houve um projeto para um dispositivo de irrigação inteligente e o resultado foi surpreendentemente diferente. Este projeto pode poupar 40% do consumo de água nas zonas rurais [40].

3.6.7 Ambiente inteligente:

Como podemos ver, há mil milhões de pessoas no nosso planeta. Um dos desafios que o ambiente enfrenta é a gestão dos recursos naturais. A proteção do ambiente exige soluções multifacetadas. A Internet das Coisas oferece uma oportunidade única para resolver problemas como os aterros sanitários e a poluição da água e do ar. Os dispositivos incorporados, como os sensores, são capazes de monitorizar de perto o ambiente nas nossas cidades, recolhendo pormenores do ambiente (resíduos, qualidade do ar). Há muitos conceitos ambientais que são difíceis de concetualizar. A recolha de dados é um dos passos mais importantes para reduzir o impacto das actividades humanas no ambiente.

3.6.7.1 Caixotes do lixo inteligentes

BigBelly é o caixote do lixo inteligente que é alimentado por energia solar. Este contentor avisa quando os contentores estão cheios. As instalações de gestão de resíduos podem recolher dados e dados históricos destes contentores BigBelly para planear as actividades de recolha e fazer ajustamentos, como, por exemplo, ajustar o tamanho do contentor. O BigBelly pode ser utilizado pela cidade ou pelo campus de estudantes,
Empresas, estacionamento

Figura: 3.12 Caixa de informações

Praias. Recentemente, a Universidade de Boston conseguiu reduzir as recolhas de 14 para 1,6 vezes por semana [41]. Este projeto universitário permite poupar tempo e energia, e os colectores de lixo podem utilizar menos sacos de lixo e reduzir as emissões de CO2 durante a recolha do lixo. Este BigBelly pode ajudar na gestão dos resíduos domésticos, que se estima que atinjam 2,2 mil milhões de toneladas em 2015. O número atual é de 1,3 mil milhões de toneladas [42].

3.6.7.2 Floresta inteligente

Existe um pequeno dispositivo chamado "Invisible Track". Este dispositivo é colocado secretamente em florestas e árvores e pode proteger a área florestal do abate ilegal de árvores. O dispositivo é muito pequeno e pode alertar as autoridades quando os criminosos cortam árvores ilegalmente e o sensor pode transmitir dados dentro do alcance da rede de telemóveis. É aqui que os serviços responsáveis pela aplicação da lei presentes no local onde se encontra o sensor e nas cidades para pôr termo a estas actividades ilegais podem fazer o que for necessário. Recentemente, este dispositivo foi instalado na floresta amazónica, que cobre uma média de 3,46 milhões de hectares de floresta. Várias actividades ilegais não são detectadas na selva porque o alcance dos satélites e a frequência de rádio são muito fracos em zonas remotas. O rastreio invisível está a proteger o espaço da selva, especialmente os acessos remotos mais vulneráveis na Amazónia [43].

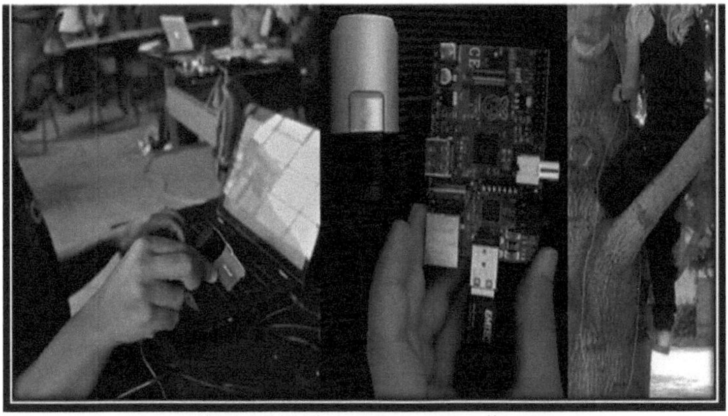

Figura: 3.13 Floresta Remota Inteligente

3.6.7.3 Vias navegáveis inteligentes

O Sistema Integrado de Observação dos Oceanos da Austrália é uma rede integrada de recolha de dados para a investigação e o impacto do ecossistema oceânico e marinho e do clima. O sensor pode recolher dados químicos e dados biológicos.

Figura: 3.14 Analisador da marinha

Estes dados podem ser enviados através de uma variedade de tecnologias sem fios, como satélite, telemóvel e micro-ondas, e partilhados com uma estação. Este sistema foi introduzido em vários locais da Grande Barreira de Coral em 2010. Este projeto tem vários benefícios alternativos, como a população de peixes, a biodiversidade e o controlo dos recifes [44].

3.6.8 Transportes inteligentes

O objetivo dos transportes é melhorar a qualidade, a segurança, os custos de transporte, a fiabilidade e melhorar a qualidade dos transportes com maior satisfação. Os cientistas recomendaram recentemente sensores inteligentes para melhorar os sistemas de transporte inteligentes, capazes de contar o número de carros nas estradas e calcular o tempo de viagem e a disponibilidade de lugares de estacionamento. Estes dados devem ser integrados em soluções de gestão do tráfego. Esta tarefa pode ajudar a otimizar os sinais de trânsito e a utilizar melhor a capacidade de tráfego no futuro.

3.6.8.1 Estradas

O Hikob é um sensor inteligente, um sensor compacto, de baixo consumo e de comunicação sem fios, que pode ser utilizado no tráfego rodoviário para medir determinadas variáveis, como a humidade ou o volume de tráfego. Este sensor recolhe dados do ambiente e envia-os para o sensor para processamento de dados. O Hikob pode analisar os dados em tempo real. Este

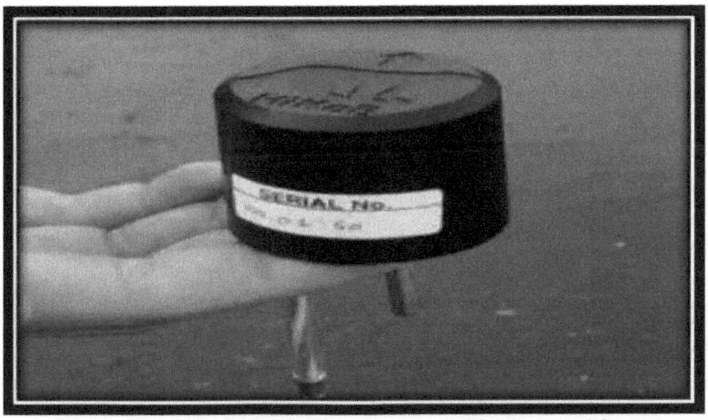

Figura 3.15 Smart Hikop para as estradas e o ambiente

As informações podem ajudar os prestadores de serviços na manutenção das estradas [45]. Este sensor pode ajudar a reconhecer potenciais perigos através da sinalização rodoviária.

3.6.8.2 Estacionamento inteligente

Encontrar um lugar de estacionamento é um problema para os condutores de automóveis. O Park sight é um sistema inteligente

Figura: 3.16 Sensor de estacionamento inteligente

Sensor auto-alimentado capaz de ajudar o condutor a encontrar um lugar de estacionamento livre em tempo real [46]. Este dispositivo pode ser utilizado em parques de estacionamento através de um sinal digital do condutor para detetar um lugar de estacionamento vazio. O condutor pode utilizar aplicações móveis para encontrar o lugar de estacionamento. Este dispositivo pode utilizar um sistema de navegação a bordo do veículo. O condutor pode procurar no mapa e compreender o custo do estacionamento e a distância do parque de estacionamento.

3.6.8.3 Sensor inteligente no veículo

O Delphi connect é um dispositivo sensor que pode ser ligado ao veículo. Este sensor pode monitorizar o estado do veículo, como o nível de combustível, a voltagem da bateria e também o estado do motor, o que pode ajudar os condutores a reconhecer partes danificadas do seu veículo e evitar serviços incorrectos. O Delphi está ligado a um GPS que ajuda os condutores a verem quando, onde e qual a distância que percorreram. Este sensor pode transmitir dados e localização em tempo real para o utilizador. Este dispositivo pode ajudar os utilizadores a trancar e destrancar o veículo à distância. Os pais também podem utilizar os sensores para monitorizar os condutores adolescentes. Os pais podem comunicar a localização e a velocidade do carro dos seus filhos [47].

Figura 3.17 Sensores inteligentes no automóvel

CAPÍTULO 4 PROTOCOLOS

O objetivo deste capítulo é apresentar os vários gateways de comunicação na Internet das Coisas como uma ligação entre os objectos físicos e o mundo real.

4.1 Protocolos na Internet das Coisas

Na IdC, os sensores e os objectos têm de estar ligados entre si para analisar a localização e a intenção dos objectos numa rede. O protocolo de comunicação deve ser desenvolvido para a nova plataforma tecnológica emergente "Internet das Coisas", pelo que podemos analisar a conceção de protocolos de comunicação para a IoT. A expansão das redes de sensores sem fios (WSN) e das soluções máquina-a-máquina (M2M) exige a criação e a integração de serviços de comunicação inteligentes para ligar milhares de milhões de dispositivos. Normalmente, uma aplicação IoT envolve uma máquina ou um dispositivo inteligente (objeto) que transmite dados sobre o contexto, o estado e as medições dos sensores a um grande número de dispositivos ou clientes. O IETF Restful environments (CoRE) tem como objetivo criar o cenário REST para a restrição de redes e dispositivos. O CoRe estará disponível para implementar o paradigma da conetividade entre dispositivos e redes [48]. O resultado mais importante do CoRE é o Protocolo de Aplicação Restrita (COAP). O COAP foi concebido para suportar a transferência de dados de corretores para clientes. O modelo COAP é semelhante ao modelo cliente/servidor HTTP. Os utilizadores podem enviar um pedido ao COAP, que é especificado por um código de método como (GET, POST, PUT e DELETE) e deve ser identificado por um URL no servidor. Além disso, o servidor COAP efectua o processamento e envia uma mensagem de resposta que contém o código e a carga útil. Ao contrário do HTTP, o COAP pode efetuar a troca de mensagens de forma assíncrona, orientada por datagramas, como o UDP, e também suporta pedidos COAP multicast. Esta formulação permite que o COAP seja utilizado com interação ponto-a-multiponto e está integrado no ambiente de automatização inteligente. A fiabilidade opcional pode ser suportada com o próprio COAP, utilizando um mecanismo simples de paragem e espera a pedido. O grupo de trabalho IETF tentou alargar o Constrained Restful Environment (RE) à arquitetura Web [49]. A equipa da IETF prevê que o COAP complemente o HTTP, pelo que o COAP só pode ser utilizado por servidores e dispositivos para construir o ambiente e também entre servidores e dispositivos para a Internet.

4.2 Protocolo XMPP

O Protocolo Extensível de Mensagens e Presença (XMPP). Este protocolo foi desenvolvido pelo serviço de mensagens instantâneas (IM) [50]. Este protocolo tinha o nome de "Jabber". A função deste protocolo é ligar um utilizador a outro utilizador através de mensagens de texto. O XMPP utiliza o formato XML como tipo de saída. Esta abordagem do protocolo tem por objetivo permitir a comunicação natural entre pessoas. O XMPP é executado sobre TCP ou HTTP, mas sobre TCP. Na IoT, o XMPP oferece sempre uma forma fácil de se dirigir a um dispositivo. Isto é especialmente útil quando os dados estão a viajar através de um assunto distante ou maioritariamente não relacionado. O XMPP proporciona uma boa forma de comunicação instantânea e permite ligar o seu termóstato doméstico a um servidor Web.

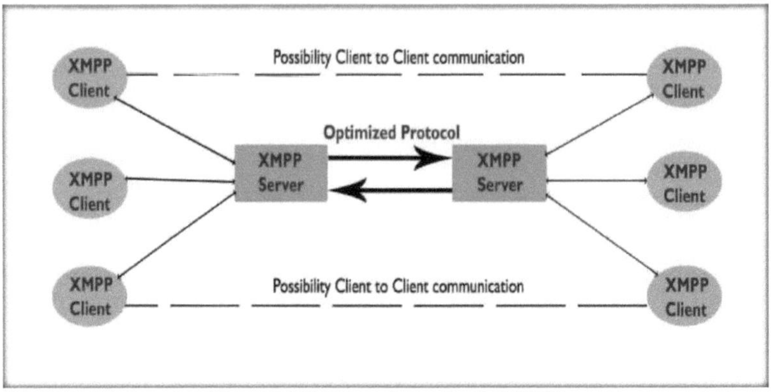

Figura 4.1 Estrutura do protocolo XMPP

Acesso a dados em tempo real através do telemóvel do utilizador. Este protocolo é poderoso em termos de endereçamento, escalabilidade e segurança e pode ser ideal para aplicações IoT orientadas para o consumidor [51].

4.3 DDS

Ao contrário do XMPP e do MQTT, DDS significa Data Distribution Service (serviço de distribuição de dados). O objetivo é que os dispositivos utilizem diretamente os dados do dispositivo e sejam capazes de os distribuir a outros dispositivos. Recentemente, a ligação à infraestrutura tornou-se muito importante, enquanto o principal objetivo do DDS é permitir que os dispositivos comuniquem com outros dispositivos. O DDS é um middleware centrado nos dados que tem as suas raízes na indústria de alto desempenho, na defesa, nos dispositivos incorporados e nas aplicações. O DDS tem a vantagem de transmitir milhões de mensagens num segundo a um grande número de destinatários simultâneos. Na IdC, o dispositivo produz dados e é diferente dos dados da infraestrutura de TI. Na IoT, o dispositivo tem de comunicar com outro dispositivo de forma complexa. O TCP é simples e fiável para fluxos ponto-a-ponto, mas o DDS proporciona o controlo da qualidade do serviço (QOS), fiabilidade, multicast e redundância generalizada. Além disso, o DDS permite filtrar e encaminhar os dados com precisão e controla os dados para milhares de destinos simultâneos. Um dispositivo incorporado é normalmente pequeno, pelo que pode facilmente ter uma visão DDS ligeira que condiciona os ambientes. Recentemente, os dispositivos de elevado desempenho e os sistemas integrados têm sido capazes de utilizar DDS [53]. O DDS é uma tecnologia que deve proporcionar a velocidade necessária para criar aplicações complexas, flexíveis, fiáveis e em tempo real. Estas aplicações podem ter múltiplas perspectivas, como o sistema militar, o sistema de localização de bens, o hospital, a imagiologia médica, a energia eólica, os parques e também a maquinaria industrial, como a segurança automóvel e os ensaios. O DDS é capaz de ligar vários dispositivos num único sistema de trabalho e pode distribuir as diferentes aplicações com velocidade física.

4.4 Protocolo AMQP

O protocolo AMQP (Advance Message Queuing Protocol) utilizará o conceito IoT. O objetivo do AMQP é enviar dados entre corretores. Este protocolo tem origem no sector bancário como um protocolo de middleware centrado em mensagens e foi desenvolvido por John O Hera em 2006 [54]. Este protocolo pode processar milhares de mensagens através de uma transação em fila. No sector bancário, o AMQP centra-se na garantia de que não se perdem dados ou mensagens. Neste protocolo, um editor tem de trocar comunicações com os editores e com o cenário de filas de espera para os assinantes utilizando o TCP que a comunicação ponto-a-ponto tem para oferecer. Por conseguinte, os pontos terminais devem reconhecer e aceitar cada pacote de dados ou mensagem. O IETF descreve igualmente um modo de transação opcional para a banca industrial com múltiplas sequências de confirmação multifase. O middleware AMQP tem por objetivo ligar em rede todos os dados e garantir que cada mensagem é entregue ou reiniciada como previsto. Este protocolo é utilizado principalmente em conceitos empresariais no contexto da IdC. O AMQP define um dispositivo como um telemóvel com um centro de dados de back-office. Por último, o AMQP é mais adequado para o plano de controlo ou para funções baseadas em servidores.

4.5 Protocolo MQTT

Transporte de Telemetria de Filas de Mensagens (MQTT). Este protocolo foi desenvolvido pela IBM e introduzido como um protocolo de mensagens leve e de publicação/subscrição. O MQTT também está integrado no IBM Websphere Application Server e é ideal para redes com recursos limitados que comunicam através de objectos incorporados com recursos simples e limitados de processador e memória. Este protocolo tem uma largura de banda reduzida. O MQTT é baseado na pilha TCP/IP. Pode ser criada uma aplicação em tempo real em que os dispositivos tenham utilizado o MQTT

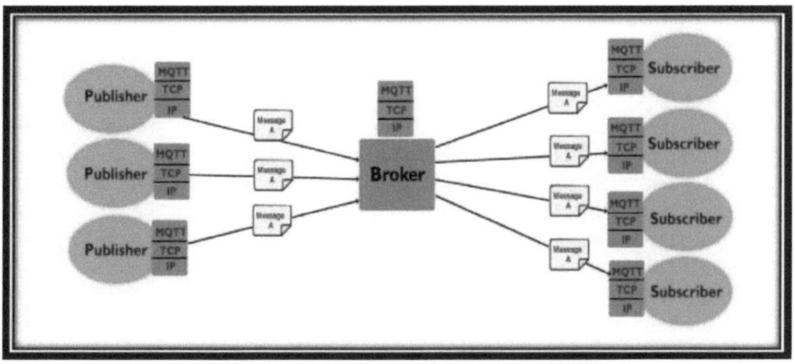

Figura 4.2 Estrutura do protocolo MQTT

e a necessidade de comunicar

com dispositivos remotos noutro local que apenas compreendem COAP [52]. Uma solução pode consistir simplesmente no facto de o servidor e o cliente poderem lidar com os protocolos COAP e MQTT. O MQTT será útil para o processamento e a disponibilidade de armazenamento. O MQTT será útil para o processamento e a disponibilidade de armazenamento, mas deve ser severamente limitado e implementar os múltiplos protocolos com dispositivos de baixo consumo, pelo que o MQTT não seria uma boa solução. No gateway IoT, é necessário um protocolo integrado que proporcione interoperabilidade através da transmissão de informações ou mensagens a outros sob a forma de um protocolo. Então, que interoperabilidade a nível da máquina deve ser evitada?

O MQ Telemetry Transport é um protocolo de mensagens extremamente leve e fácil de implementar. Os caracteres do MQTT publicam/subscrevem e são fáceis de implementar. O MQTT pode suportar milhares de utilizadores remotos de diferentes locais com apenas um servidor. Esta capacidade faz do MQTT um protocolo ideal para a Internet das Coisas (IoT) num ambiente restrito [57]. O MQTT é mais adequado para

Largura de banda da rede onde existe uma elevada latência para um dispositivo remoto que pode ter processamento e memória limitados. Existem algumas vantagens do MQTT, tais como:

1) Permitindo uma enorme fiabilidade e escalabilidade no desenvolvimento e na gestão da solução
2) Desenvolvimento dos limites da organização da conetividade e da facilidade de utilização dos dispositivos inteligentes
3) Fornece opções de conetividade e otimização para actuadores e dispositivos remotos.
4) Transmissão de informações relevantes a todos os outros dispositivos e sistemas inteligentes relevantes para a tomada de decisões.

4.5.1 Transmissão por telemetria e Internet

A telemetria significa semanticamente a monitorização de objectos à distância [55]. Com a melhoria da tecnologia de telemetria, é agora possível ligar e monitorizar dispositivos em diferentes locais. A telemetria pode ajudar a reduzir o custo de construção da aplicação na IoT. Com o advento das novas tecnologias, como a IoT, as pessoas, os governos e as empresas estão cada vez mais interessados em utilizar dispositivos inteligentes com conetividade de telemetria para interagir com o planeta inteligente. Um homem quer saber quais são as contas de eletricidade actuais. Uma mulher quer saber quantos ovos tem no frigorífico. Um homem de negócios quer saber como está o tempo quando está a viajar. Um motorista de táxi quer saber se o trânsito na cidade e na estrada principal ainda está bloqueado pelo tráfego ou por um acidente de viação. Um médico quer medir a tensão arterial dos seus pacientes uma vez de manhã e outra à noite. As informações que ajudam cada categoria de pessoas contribuem para criar um planeta e um ambiente inteligentes. Tal como referido no Capítulo 4, existem ainda muitos desafios na ligação das pessoas às aplicações que pretendem utilizar. Quando os dispositivos estão geograficamente dispersos ou têm uma capacidade de armazenamento limitada e carecem de capacidades, os problemas e os custos aumentam significativamente. Felizmente, estes desafios estão a ser analisados pela OASIS e pela IETF, que estão a tentar ultrapassar alguns problemas [56]. Ao melhorar a usabilidade da tecnologia de telemetria e dos protocolos de comunicação normalizados, é possível enviar e receber dados através da Internet. O MQTT permite a comunicação com outros sistemas ou aplicações nos domínios dos cuidados de saúde, dos transportes, dos sistemas de controlo industrial, do consumo de energia, dos satélites, da vigilância urbana e do controlo do tráfego, da casa e do escritório inteligentes (bem como com sensores em qualquer objeto no ambiente, do ar à terra e ao mar).

O MQTT reduz os requisitos de largura de banda e de recursos do dispositivo, o que tenta melhorar a entrega e a fiabilidade. A principal vantagem dos caracteres MQTT,

tornam este protocolo bem adequado para a comunicação M2M, que é um aspeto importante da "Internet das Coisas" enquanto conceito e tecnologia emergentes [58].

4.5.2 Destaques

O MQTT é uma solução aberta e fácil de aceitar:
O MQTT é um sistema aberto e facilmente adotável por vários dispositivos e plataformas de aplicações, sendo também considerado um sistema operativo que se situa na extremidade da rede.

Os caracteres MQTT são mensagens de publicação/subscrição. Semanticamente, isto significa que é possível a distribuição um-para-muitos:
A aplicação de envio não precisa de saber como são ou não são os destinatários, nem sequer o seu endereço.

O MQTT é o protocolo ideal para redes restritas, como ligações frágeis, baixa largura de banda e tempos de latência elevados:
O cabeçalho da mensagem MQTT tenta sempre ser o mais pequeno possível.
Um cabeçalho pequeno consiste em apenas dois bytes

Definição e aplicação simples do comando de massagem:
Muitas aplicações só podem ser executadas utilizando (DISCONNECT, PUBLISH, SUBSCRIBE).

O MQTT foi concebido apenas para objectos remotos e, com o limite de memória, também para dispositivos de potência limitada:
Cabeçalho pequeno e pegada de cliente pequena, razão pela qual o MQTT é adequado para objectos restritos.

4.5.3 Telemetria do WebSphere MQ

O WebSphere MQ Telemetry é uma evolução do WebSphere MQ, que desenvolveu um backbone de mensagens abrangente utilizando o protocolo MQTT. Este protocolo é capaz de suportar a comunicação entre dispositivos localizados em qualquer parte do mundo. Além disso, permite a prestação de serviços Web e a organização de aplicações com o WebSphere MQ. O MQTT desenvolve o WebSphere MQ para sensores e actuadores remotos com alcance específico e permite também uma escalabilidade maciça. O WebSphere MQ é capaz de suportar 100 000 ligações MQTT em simultâneo.

4.5.4 Componente-chave da telemetria do WehSphere MQ

O serviço dc tclcmetria MQ pode agora ser executado no servidor WebSphere MQ.

Utilizadores de telemetria MQ que podem distribuir aplicações para dispositivos remotos

A telemetria MQ interage com o protocolo MQTT, e esta interação pode enviar e receber dados através de dispositivos e aplicações [59].

4.5.5 Componentes MQTT

O protocolo MQTT é composto por vários conceitos que têm como objetivo tornar a transmissão da mensagem tão leve quanto possível.

4.5.5.1 Publicar/Subscrever

As caraterísticas do MQTT baseiam-se na publicação de dados e no tópico subscrito, que se refere essencialmente ao serviço de publicação/subscrição. Os utilizadores podem subscrever mensagens do servidor que são enviadas por utilizadores, serviços e sensores de objectos inteligentes. Neste cenário, a mensagem é publicada pelos clientes para que estes dados estejam disponíveis para todos os subscritores.

1. Baseado em tópicos - As subscrições podem ser organizadas hierarquicamente e podem ser efectuadas para vários tópicos ao mesmo tempo. No entanto, apenas um número limitado de expressões pode ser disponibilizado aos subscritores para filtrar e restringir critérios de interesse.

2. Baseada no conteúdo - A subscrição baseia-se no conteúdo dos eventos, mas a extração das subscrições dos eventos e o sistema de notificação associado são muito complexos e, por conseguinte, geram um elevado nível de tráfego na rede.

3. Baseado em tipos - Os eventos são tratados como objectos com atributos e métodos, enquanto as notificações são tratadas como objectos de um tipo. Os subscritores recebem, portanto, instâncias do tipo de objeto subscrito. No entanto, o desempenho diminui se ocorrer um grande número de eventos em tempo de execução.

4.5.5.2 Mensagem e subscrição

No MQTT, as mensagens são publicadas como "TÓPICOS" e os utilizadores podem subscrever os respectivos tópicos. A subscrição deve ser explícita, ou seja, as mensagens recebidas são limitadas a uma área de objeto específica [60].

4.5.5.3 Qualidade do serviço (QoS)

A qualidade do serviço é importante para o MQTT. Existem três QoS para o MQTT, com cada nível de mensagem exigindo mais esforço do servidor para garantir que o pacote seja entregue. Uma QoS mais elevada garante a entrega da mensagem, mas pode ocupar mais largura de banda da rede e causar atrasos se houver problemas de latência [60][61]. São suportados três níveis de QoS, um dos quais deve ser selecionado para cada mensagem a publicar. Quanto mais elevado for o nível de QoS, menor será o desempenho e maior será a fiabilidade.

1. QoS0 - É utilizado um mecanismo de "disparar e esquecer" em que uma mensagem é enviada uma vez sem garantia de entrega. Assim, o cliente/corretor recebe a mensagem no máximo uma vez. Este mecanismo é utilizado em situações como a atualização frequente de dados de sensores, em que uma única mensagem perdida pode ser tolerada entre várias mensagens recebidas com frequência.

2. QoS1 - Uma mensagem é enviada várias vezes para garantir a entrega com a ajuda de um aviso de receção. Nos casos em que o aviso de receção se pode perder, as mensagens podem ser recebidas mais do que uma vez. Isto garante a entrega "pelo menos uma vez". É utilizado em situações em que a entrega de uma mensagem é importante, por exemplo, para mensagens de aviso.

3. QoS2 - Uma mensagem é enviada e a sua receção é confirmada pelo nó recetor (broker), que por sua vez é confirmado pelo remetente original da mensagem (cliente). Esta sequência de confirmações é utilizada para garantir a entrega de mensagens "exatamente uma vez", o que é útil em situações em que a entrega de mensagens é importante e, ao mesmo tempo, a interpretação incorrecta de duplicados como mensagens originais separadas pode causar problemas.

4.5.5.4 Mensagens retidas

No MQTT, o broker retém todos os tópicos que são transferidos para o subscritor. Se um novo assinante fizer um pedido ao broker para subscrever o mesmo tópico, o tópico retido deve ser enviado pelo broker ao novo assinante.

4.5.5.5 Sessão limpa

Quando os utilizadores MQTT se ligam a um servidor específico, isto significa semanticamente um sinalizador de sessão limpa. Se o sinalizador for definido como TRUE, todas as informações sobre a subscrição do utilizador são removidas quando a ligação ao servidor é terminada, e se o sinalizador for definido como FALSE, o nome da ligação é tratado ou permanentemente. Neste cenário, as mensagens que chegam recebem um QOS elevado, o que indica uma nova entrega após a ligação.

4.5.5.6 Testamentos

Quando um utilizador é ligado ao servidor, este informa o corretor que tem um testamento ou um pacote de dados a publicar em determinados tópicos. Um testamento é um alerta útil e uma definição de segurança em que um gestor reconhece que o sensor remoto perdeu a rede.

4.6 Elementos de base do protocolo

1) D2D: O desempenho do D2D é adaptado à comunicação submersa no conceito IoT.
2) D2S: os dados recolhidos do ambiente e do sensor devem ser transferidos para a infraestrutura do servidor
3) S2S: A infraestrutura do servidor deve transmitir os dados recolhidos pelo dispositivo. Também deve ser possível devolvê-los aos dispositivos para programas de análise ou ao utilizador.

4.7 Breve objetivo dos protocolos na IoT

- MQTT): O objetivo deste protocolo é recolher dados de sensores/actuadores utilizando leitores e comunicar com o sensor (D2S).
- XMPP): Este protocolo visa recolher dados sobre o utilizador e, num caso específico, com padrões D2S enquanto os utilizadores estão ligados aos corretores.
- Serviço de distribuição de dados: A função deste modelo de comunicação baseia-se na distribuição de dados a vários clientes como uma máquina rápida integrada no barramento (D2D)
- O AMQP foi concebido como um protocolo que permite a interação com a conetividade de servidor para servidor e encaminha dados entre eles.
-

As interações entre estes protocolos foram adoptadas pela IoT, para a implementação da função de cada um, e também para cada um há muitos cenários de implementação. Além disso, todos os protocolos poderão ter comunicação em tempo real, protocolo de publicação/assinatura para o conceito IoT. Estes protocolos são fiáveis para os dispositivos inteligentes e facilitam a

para ligar milhares de milhões de dispositivos.

Basicamente, a Internet é capaz de suportar centenas de protocolos na rede e, ao mesmo tempo, a IoT, enquanto tecnologia emergente, é capaz de suportar centenas de protocolos. Além disso, é muito importante compreender a classe e implementar endereços de protocolo para cada um.

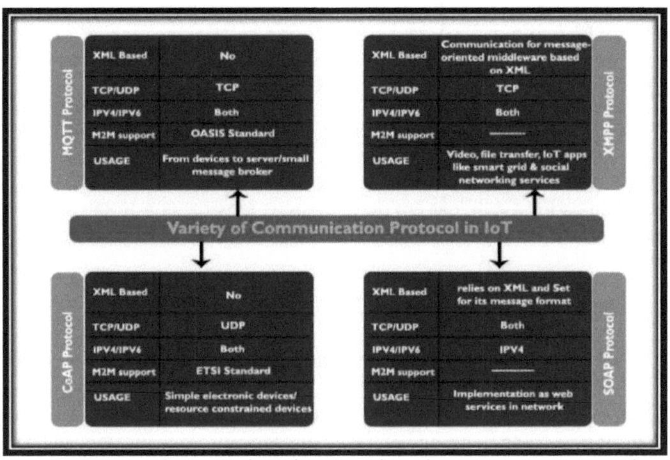

Figura 4.3 Comparação de quatro tipos de protocolos relevantes para a Internet das Coisas

Existem vários protocolos de comunicação, como o MQTT, o XMPP, o AMQP, o SOAP e o UPnP. Todos estes protocolos são utilizados para a comunicação na Internet das Coisas e cada um tem as suas caraterísticas específicas, que mencionamos na tabela.

4.8 Diferenças entre MQTT e HTTP

A comparação entre MQTT e HTTP é apresentada em seguida:

1) O HTTP é um dos melhores e mais utilizados protocolos. O HTTP abrangeu todos os dispositivos informáticos e também interage com a pilha TCP/IP. Ambos os protocolos são baseados no TCP/IP, pelo que o programador tem de escolher um deles para a comunicação.
2) O carácter HTTP baseia-se no modelo de pedido/resposta, que é atualmente o protocolo mais utilizado na rede, enquanto o carácter MQTT se baseia no sistema de publicação/assinatura [63].

Para estes dois, os criadores de caracteres devem desenvolver ambos os modelos. A Figura 4.4 abaixo mostra a comparação dos protocolos de rede MQTT e HTTP [62].

MQTT	Protocol	HTTP
Data Centric	Design Orientation	Document Centric
Publish/ Subscribe	Pattern	Request/Response
Simple	Complexity	More Complex
Small, with a compact binary header just two bytes in size	Message Size	Larger, partly beacuse status detail is text-based
Three Quality of Service setting	Service level	All messages get the same level of service
Libraries for java (100kb) and C (30kb)	Extra Libraries	Depends on the application (XML,JSON), but not small
Support 1 to zero, 1 to 1 and 1 to n	Data Distribution	1 to 1 only

Figura: 4.4 Comparação entre MQTT e HTTP para a comunicação de dispositivos inteligentes

4.8.1 DESENHO

- **O MQTT** tem uma estrutura centrada nos dados. O MQTT é capaz de transmitir tópicos como uma matriz de bytes, para

Por este motivo, o MQTT não foi capaz de se ocupar do

conteúdo.

- **O HTTP** baseia-se na centralização de documentos. O HTTP é capaz de suportar a norma NIME. Além disso, são transmitidas grandes quantidades de pacotes de dados ao mesmo tempo.

4.8.2 TÓPICOS

- **MQTT:** Utiliza um padrão de tópico de publicação/assinatura que tem um acoplamento flexível. Os utilizadores não têm de se preocupar com a existência de outros objectos. Podem ocupar-se do conteúdo que é entregue ou recebido.
- **HTTP:** Utiliza um protocolo de mensagens de pedido/resposta e é adequado para o intercâmbio de padrões de mensagens. Os utilizadores devem conhecer o endereço de todos os objectos que estão ligados [63].

4.8.3 COMPLEXIDADE

- **O MQTT** é curto e só pode transmitir alguns tipos de mensagens, como CONNECT, SUBSCRIBE, PUBLISH.
- **O HTTP** é um processo complexo cuja especificação compreende mais de 160 páginas. Utiliza códigos como POST, GET, HEAD, CONNECT, PUT, TRACE. O HTTP pode ser utilizado para sistemas de dados hipermédia.

4.8.4 TAMANHO DA MENSAGEM

- **MQTT:** Este protocolo foi especialmente desenvolvido pela arquitetura para objectos restritos e suporta as suas funções. O cabeçalho da mensagem no MQTT é curto e pode transmitir pequenos pacotes, como dois bytes [63].
- **HTTP:** Este protocolo utiliza um formato de texto que também pode suportar cabeçalhos longos. O formato pode ser lido pelos utilizadores que utilizam o HTTP para facilitar a depuração e a interação. No entanto, este formato é suficiente e desejável para objectos restritos com falta de desempenho e potência de computação superior à necessária para a largura de banda da rede.

4.8.5 QUALIDADE DO SERVIÇO

- **MQTT:** suporta os três tipos de Qualidade de Serviços na publicação do tópico. Por este motivo, os programadores não precisam de implementar um formato adicional para a IoT ou um cenário complexo de qualidade de serviço.
- **HTTP:** Não tem qualidade de serviço ou capacidade de repetição. Para a entrega e garantia, os criadores de mensagens devem implementar o futuro formato para HTTP.

4.8.6 DISTRIBUIÇÃO DE DADOS

- **MQTT:** Inclui o cenário de distribuição incorporado, o MQTT é capaz de suportar a distribuição de 1 para 0, 1 para 1, 1 para muitos modelos.

- **O HTTP** é um cenário em que é um sistema ponto-a-ponto e não tem futuro em termos de cenários de distribuição como o no-built-in. O programador deve acrescentar mecanismos de distribuição como o polling longo.

4.8.7 BIBLIOTECAS ADICIONAIS

- **O MQTT** é adequado para dispositivos com memória limitada, mas com uma biblioteca pequena, apenas 100 KB para utilizadores Java e 30 KB para utilizadores C.
- **HTTP:** Ao utilizar serviços Web RESTful ou SOAP, é necessária uma biblioteca como a XML.

4.9 Vantagens da utilização do MQTT

O protocolo MQTT desenvolveu o WebSphere MQ. O WebSphere é um pequeno sensor para os objectos de telemetria remota. As limitações da rede incluem a largura de banda limitada. As limitações da rede incluem uma ligação instável, uma latência elevada e um custo elevado. Os dispositivos podem ter uma memória limitada ou limitações de software de terceiros, e alguns objectos podem ter uma bateria que impõe restrições adicionais à utilização do transporte de telemetria. A arquitetura e os projectistas desenvolveram o MQTT para limitar as restrições de potência e volume. Existem os seguintes princípios para a utilização do MQTT.

1. Simplicidade: O MQTT foi concebido como um sistema aberto e pode ser facilmente integrado em várias soluções por futuros programadores [63].
2. Serviço de publicação/assinatura MQTT: modelo MQTT, o emissor e o recetor estão num local separado, pelo que o editor não precisa de saber quem é o recetor e como chegar ao assinante e vice-versa.
3. Manutenção: A manutenção futura para o MQTT é como o armazenamento automático de mensagens e em caso de retransmissão. Minimização do MQTT para uma gestão em tempo real
4. Persistência da mensagem: com QOS específicas, o editor assegurará os dados transmitidos ao assinante no caso de mensagens importantes
5. Processamento de mensagens: O protocolo assume que o dispositivo tem um processamento limitado
6. Tipo de dados: com o MQTT, não é necessário conhecer o conteúdo de uma mensagem ou o formato utilizado.

A figura 4.5 abaixo mostra a usabilidade do MQTT para melhorar a comunicação em vários dispositivos e aplicações.

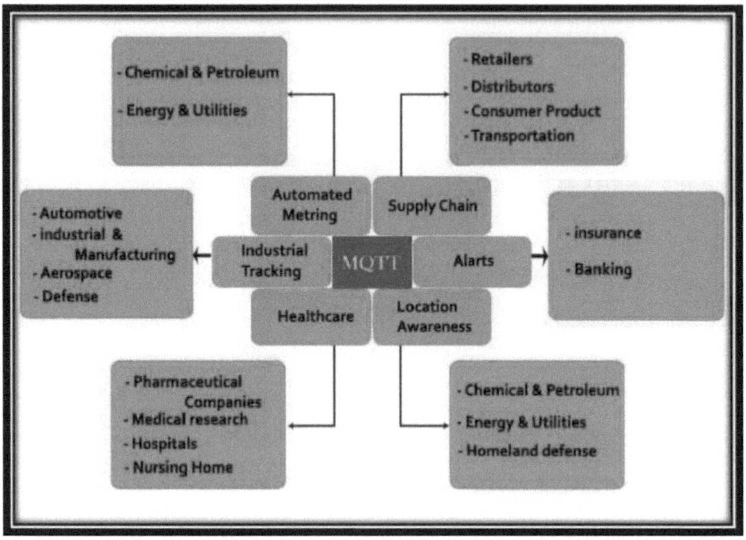

Figura: 4.5 Categorias de ambiente de aplicação e subcamada MQTT

CAPÍTULO 5
Simulação de MQTT

A simulação é a maneira mais fácil de ver o protótipo visual e sem o custo de criá-lo em tempo real. Este capítulo mostra a simulação baseada em mensagens MQTT publish/subscribe. A minha investigação centrou-se no desenvolvimento de tecnologia ativa inteligente para melhorar a poupança de energia nos nós.

5.1 Carácter do MQTT (publicar/subscrever)

A Internet das Coisas é definida como um ambiente global em que os objectos são identificáveis de forma única e permitem que os sistemas os gerem, acompanhem e monitorizem. As coisas têm a capacidade de se auto-configurarem com base no protocolo de comunicação padrão. Os componentes MQTT ou MQSeries são utilizados para ligar outras aplicações de software para que possam funcionar em rede. Este tipo de aplicação é frequentemente designado por software de integração empresarial ou middleware. O protocolo MQTT pode ser utilizado numa variedade de ambientes, como aplicações de domótica, e foi proposto como um sistema leve, de baixa largura de banda e fácil de implementar para milhares de milhões de objectos inteligentes. O MQTT é composto por editores, servidores e subscritores. O conceito básico do modelo de publicação/subscrição é que a informação sobre um tópico é publicada e aqueles que estão interessados nela (ou seja, que a subscrevem) recebem-na quase instantaneamente, ao contrário do modelo tradicional de sondagem. Cada nó pode atuar como editor (fonte de informação) e assinante (sumidouro de informação). Suporta e até incentiva uma arquitetura distribuída. Isto significa que as actividades distribuídas, como a adição/eliminação de nós/serviços, são tratadas como eventos que desencadeiam as acções necessárias sem uma interface humana. Atualmente, a arquitetura mais utilizada é o modelo hub-and-spoke (que é preferível ao modelo broadcast e polling), em que o hub actua como intermediário e trata do encaminhamento das mensagens publicadas para os spokes subscritos [64].

A especificação do protocolo MQTT descreve-o como ideal para ambientes inteligentes com recursos limitados, em que a rede é executada em dispositivos incorporados com recursos limitados de processador ou memória e é dispendiosa, tem baixa largura de banda ou não é fiável. Embora o MQTT se baseie na pilha TCP/IP, o MQTT-S é uma extensão para pilhas não-TCP/IP que tem em conta os dispositivos sensores de gama baixa. [65]. Embora o MQTT tenha sido concebido principalmente para aplicações de telemetria, foi desenvolvida uma variante deste protocolo, designada MQTT-S, para dispositivos sensores/actuadores de baixo consumo alimentados por bateria.

Redes. O MQTT-S tem em conta as limitações das redes sem fios (elevadas taxas de falha de ligação, baixa largura de banda e dados curtos do utilizador) e pode ser utilizado em qualquer rede que ofereça um serviço de transmissão de dados ponto-a-ponto (uncast) e um serviço de transmissão de dados por difusão (one-hop). Ao contrário do MQTT, não depende da segmentação de mensagens e da entrega ordenada de segmentos.

Todos os clientes estão ligados via MQTT-S a uma gateway, que está ligada ao broker via MQTT (pode ser integrada na gateway). As ligações gateway-broker podem ser iguais ao número de ligações gateway-cliente (transparentes - fáceis de implementar) ou uma única ligação (agregadoras - mais escaláveis), de modo a que as mensagens de ambos os lados acabem na gateway, que toma outras decisões de encaminhamento. As vantagens desta conetividade são

1. Vários desses gateways podem reduzir o congestionamento da rede e, ao contrário do MQTT, garantir rotas alternativas mesmo que um gateway falhe.

2. O mecanismo de transmissão e resposta à pesquisa de gateway funciona localmente e é, por isso, eficiente em termos de largura de banda.

3. A mensagem Connect é dividida de modo a conter apenas um tópico Will, se necessário, e a mensagem Publish é dividida usando IDs de tópico em vez de nomes de tópico longos para reduzir a latência, ao contrário do MQTT.

5.2 Vantagens de Publish/Subscribe

- Arquitetura simples - as ligações ponto-a-ponto são substituídas por uma única ligação a um barramento/corretor de mensagens.
- Comunicação simplificada, flexível, robusta, escalável - podem ser concebidas partes independentes sem ter em conta a complexidade do objetivo da ligação (por exemplo, URLs)
- Adição e eliminação simples de dispositivos
- Os dados publicados podem ser facilmente reutilizados para alargar os serviços existentes.
- Os editores e os assinantes são dissociados em termos de tempo (uma vez que não precisam de se conhecer), espaço (uma vez que não precisam de ser executados ao mesmo tempo) e sincronização (uma vez que as operações e tarefas não são interrompidas durante a publicação e a receção de notificações) [66].

As aplicações Publish/Subscribe foram concebidas para situações em que uma única mensagem é solicitada por vários utilizadores e tem de ser distribuída a estes. A principal vantagem em relação a outros métodos de distribuição é o facto de separarem o editor do assinante. Isto significa que o editor numa aplicação de publicação/assinatura não precisa de ter conhecimento da existência do assinante ou das aplicações que utilizam a informação publicada. Do mesmo modo, o assinante ou as aplicações do assinante não precisam de saber nada sobre a aplicação do editor. Dito da forma mais simples possível, uma aplicação

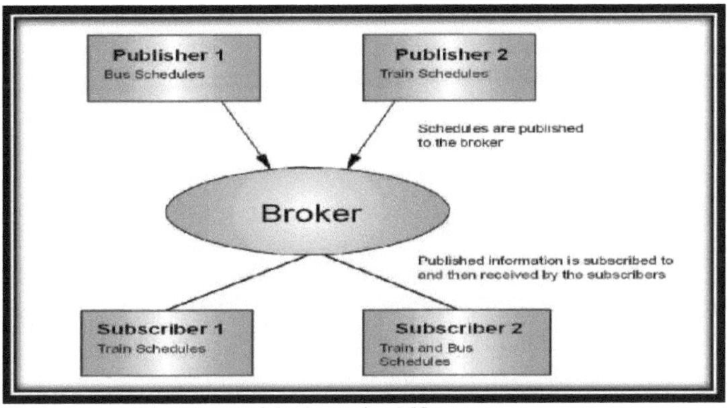

Figura 5.1 Modelo de serviço MQ

Uma aplicação de publicação/subscrição tem um ou mais editores que publicam mensagens de uma aplicação para um servidor e um grupo de subscritores que subscrevem algumas ou todas estas mensagens publicadas armazenadas no servidor. O sistema atribui as publicações aos subscritores e assegura que todas as mensagens estão disponíveis e são entregues a todos os subscritores de forma atempada.

A Figura 5-1 mostra como o Editorl e o Editor2 publicam mensagens com informações sobre o calendário no broker (servidor). Os assinantes podem subscrever ou anular a subscrição desta informação disponível no broker, conforme necessário (mensagem de polling). O MQSeries proporciona uma entrega segura e única de mensagens entre os seus sistemas de TI. Liga mais de 30 plataformas industriais, incluindo as da IBM, Microsoft, Sun e HP, utilizando uma variedade de protocolos de comunicação. O MQSeries fornece suporte extensivo para aplicações: Interfaces de Programação de Aplicações: A Interface de Fila de Mensagens (MQI) e a Interface de Mensagens de Aplicação (AMI) são suportadas em várias linguagens de programação.

5.3 Simulador NS2

Os simuladores de rede são utilizados para imitar ambientes de rede reais, para testar e estudar o comportamento de protocolos, topologias e arquitecturas e para analisar o desempenho de algoritmos e aplicações quando tal não é possível ou viável na prática. Os simuladores podem ser baseados numa interface gráfica de utilizador (GUI) ou numa interface de linha de comandos (CLI). O NS2 é um simulador de eventos discretos de código aberto, baseado em CLI, em que as aplicações, os pacotes de protocolos, etc. são tratados como uma lista de "eventos pendentes" que são executados em sequência e podem despoletar outros eventos. A funcionalidade completa do ns2 é geralmente suportada pelo LINUX, mas a funcionalidade principal é suportada pelo MAC e WINDOWS. A programação pode ser feita inteiramente em OTcl, embora também possam ser usadas ligações C++. O GNU Debugger (gdb) é usado para depuração. Vários outros animadores externos, ferramentas de análise e visualização de dados podem ser usados com o NS2. O NS2 suporta protocolos de transporte UDP e TCP/IP, endereçamento ipv4 e ipv6, roteamento global, WiFi, etc. No entanto, não suporta WSN ou MANET. O sistema de retorno de chamada e de rastreio permite aos utilizadores seguir o fluxo e o conteúdo dos pacotes através da rede. A função de registo fornece diferentes níveis (aviso, erro, depuração, lógica, informação e função) de informação de registo fornecida durante a execução do programa e a simulação para compreender o fluxo do programa e obter informações úteis. O gerador de topologia BRITE pode ser utilizado para criar facilmente diferentes topologias, em vez de estabelecer manualmente ligações entre nós para obter uma topologia.

5.4 Modelo utilizado

Como o NS2 é modular (ou seja, funciona como uma série de bibliotecas de modelos), é fácil alterar as funcionalidades existentes e acrescentar novas funcionalidades. A minha investigação centrou-se na utilização de tecnologia ativa inteligente para melhorar a conservação de energia. Na Figura 5.2, pode ver-se que os editores comunicam com o corretor e também com o

O assinante pode

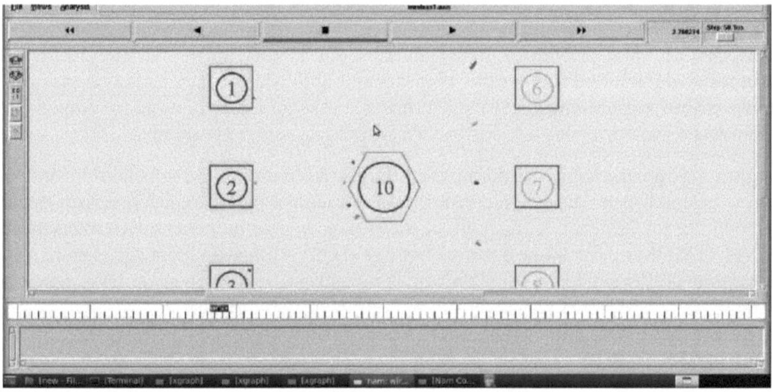

Figura 5.2 Editor ativo e comunicação com o corretor

recuperar os dados do intermediário. Nesta técnica, temos 10 nós, 5 nós como editores e 5 nós como assinantes, e existem corretores para receber e encaminhar pacotes entre duas regiões. Cada nó editor de 0 a 4 tem uma comunicação específica e troca de informações com a ajuda do corretor, os nós assinantes são de 5 a 9. Suponhamos que o editor número 0 comunica com o assinante número 9, também

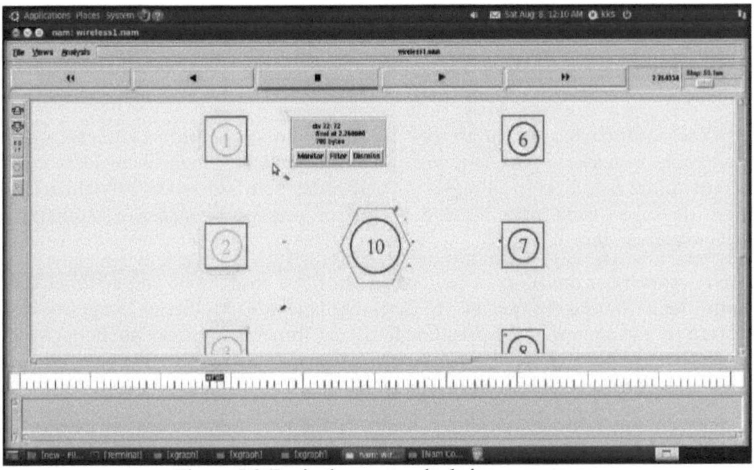

Figura 5.3 Envio de pacotes de dados com atraso

O editor número 1 envia um pacote para o assinante número 5. Com esta técnica, cada nó pode transferir 700 bytes de dados do editor para o assinante. Figura 5.3

A minha investigação refere-se à parte do editor que entra em modo de suspensão quando um nó não está a utilizar ou a enviar dados, bem como à parte do editor. Com esta técnica

A poupança de energia ocorre entre o atraso de um nó ativo e um não ativo. O atraso é de 10 ms.Figura 5.4

5.5 Modelo de comunicação

1) Ponto a ponto:

(incluindo pedido/resposta e cliente/servidor) e publicação/subscrição são suportados. A complexidade da programação das comunicações é gerida pelos serviços de mensagens, pelo que é retirada da lógica da aplicação. As aplicações podem aceder a outros sistemas e interfaces para produtos como o Lotus Domino, o Microsoft Exchange/Outlook, o SAP/R3 e os produtos CICS e IMS/ESA da IBM através de gateways e adaptadores. O MQSeries Integrator Versão 2.0 alarga as capacidades do MQSeries Publish/Subscribe suportando: Funcionalidade Publish/Subscribe melhorada através da utilização de nomes de tópicos estruturados, controlo de acesso, subscrições baseadas em conteúdos e pontos de subscrição. Melhoria do processamento de mensagens através da adição de novos nós de processamento de mensagens para complementar ou substituir as interfaces de nós fornecidas, permitindo que as mensagens sejam enriquecidas com informações de uma base de dados ou armazenadas numa base de dados. Pode atualizar as suas aplicações, mensagens e servidores para tirar partido das melhorias do MQSeries Integrator Versão 2.0. Também pode continuar a utilizar as suas aplicações e mensagens MQSeries Publish/Subscribe existentes sem alterações, personalizando o seu sistema da versão 2.0 para fornecer suporte compatível. O MQSeries Integrator funciona com o MQSeries Messaging e amplia os recursos básicos de conetividade e transporte para fornecer uma poderosa solução de servidor e mensagens orientada por regras de negócios. As mensagens são formadas, encaminhadas e transformadas de acordo com regras definidas por uma interface gráfica de utilizador (GUI) fácil de utilizar.

2) Aplicações versáteis

Pode trocar informações de diferentes formas, com os servidores a efectuarem o processamento necessário para garantir que as informações chegam ao local certo no formato certo, de acordo com as regras especificadas pelo utilizador. As aplicações não precisam de saber nada para além das suas próprias convenções e requisitos. As aplicações também têm

É possível especificar um filtro de tópicos ou um filtro baseado no conteúdo, ou ambos, para controlar as mensagens que lhe são disponibilizadas. O MQSeries Integrator fornece uma estrutura que suporta a funcionalidade básica fornecida juntamente com extensões de plug-in para permitir a rápida criação e modificação de regras de processamento de negócios que são aplicadas a mensagens no sistema. A Internet das Coisas (IoT) representa o futuro do processamento e da comunicação de dados. Trata-se de um mundo de tecnologias da informação e da comunicação (TIC) em que qualquer pessoa pode estar ligada a qualquer pessoa, em qualquer altura e em qualquer lugar; passamos a ter uma ligação para tudo.

3) Mobilidade dos dispositivos

É considerado um dos componentes mais importantes da Internet das Coisas, na qual os dispositivos estão ligados entre si. A mobilidade compreende dois processos. O primeiro processo é o roaming, que envolve a deslocação de uma rede para outra, e outro processo é o handover, que envolve a mudança do ponto de ligação para o fluxo de dados. A transferência também implica atrasos devido à transferência que ocorre em vários níveis, como o nível 2 (transferência entre PA), o nível 3 (aquisição de endereços IP, configuração), a autenticação, a autorização, a atualização de ligações, o redireccionamento de meios e a transferência rápida contribuem para o atraso global e a perda de pacotes. Por conseguinte, é fundamental reduzir o atraso durante o handoff que ocorre a vários níveis para proporcionar uma melhor eficiência aos utilizadores finais. A mobilidade também pode ser classificada como micro-mobilidade, que envolve a mobilidade dentro da rede, e macro-mobilidade, que envolve a mobilidade entre domínios de rede em que o endereço IP muda [67]. Há várias causas para a mobilidade, incluindo o movimento físico, os canais de rádio, o desempenho da rede, o tempo de inatividade e as falhas dos nós. Os utilizadores finais podem trazer os seus próprios dispositivos para o ambiente IoT no âmbito da revolução "Bring Your Own Device" (BYOD), pelo que a mobilidade dos dispositivos é um dos aspectos importantes a considerar na Internet das Coisas.

5.6 Modelo de publicação/subscrição

Existem três categorias de modelos de publicação/subscrição

1. Baseado em tópicos - As subscrições podem ser organizadas hierarquicamente e criadas para vários tópicos ao mesmo tempo. No entanto, os subscritores só podem dispor de um número limitado de expressões para filtrar e restringir os critérios de interesse.

2. Baseada no conteúdo - A subscrição baseia-se no conteúdo dos eventos, mas a

extração das subscrições dos eventos e o sistema de notificação associado são muito complexos e, por isso, geram muito tráfego na rede.

3. Baseado em tipos - Os eventos são tratados como objectos com atributos e métodos, enquanto as notificações são tratadas como objectos de um tipo. Os subscritores recebem, portanto, instâncias do tipo de objeto subscrito. No entanto, o desempenho diminui se ocorrer um grande número de eventos em tempo de execução. Este capítulo [68] apresenta a RAP, uma nova arquitetura de comunicação em tempo real para grandes redes de detectores. Em alguns trabalhos anteriores, o investigador propôs o Velocity Monotonic Scheduling. O VMS atribui prioridade a um pacote com base na sua velocidade solicitada. A um pacote com uma velocidade solicitada mais elevada é atribuída uma prioridade mais elevada. O VMS melhora o número de pacotes que cumprem os seus prazos, uma vez que atribui as prioridades "corretas" aos pacotes com base na sua urgência no salto atual. No entanto, não há detalhes sobre a distância de chegada dos pacotes neste documento. E quando a fila está cheia, os pacotes de prioridade mais alta sobrepõem-se aos pacotes de prioridade mais baixa. Isso pode ser um problema para as informações de baixa prioridade. Neste capítulo [69], propusemos um protocolo SLEEP escalonado adaptativo (ASLEEP) para uma gestão eficiente da energia em redes de detectores sem fios que visam a recolha periódica de dados. Esta regra adapta os horários de sono dos nós de acordo com as necessidades da rede, mesmo em condições de funcionamento variáveis no tempo. Para o processamento de dados, é utilizado o esquema CSMA, mas este pode não ser eficiente numa rede WDN fixa e não inclui detalhes de processamento de dados. Neste trabalho [69], o investigador apresentou a forma de colocar detectores com um número mínimo para maximizar a área de cobertura quando o raio de comunicação do SN não é inferior ao raio de deteção, levando à aplicação de uma topologia regular para a implantação de WDNS. Neste capítulo, discutimos os pormenores da implantação do detetor. Ao otimizar a colocação dos detectores, o número de detectores utilizados é reduzido e o tempo de vida dos detectores é aumentado. Mas o tempo de vida dos detectores ainda precisa de ser aumentado. Propusemos um método de agrupamento com um método de planeamento TDMA sensível à cobertura e à potência. O agrupamento é efectuado pela estação de base de acordo com a potência residual atual, e a área de cobertura do membro do grupo é reduzida para evitar a sobrecarga e a gestão da potência. Este documento também não aborda a partilha de pacotes em tempo real e não real. O esquema desenvolvido pelos investigadores concebe uma rede com múltiplas grelhas fixas, considerando a área de forma arbitrária coberta pelos nós detectores. Neste trabalho [70], o investigador tem em conta os diferentes níveis de potência inicial dos detectores e coloca os detectores de acordo com esta gama de potência. Desta forma, evita-se uma redução da potência. No entanto, medir as diferentes potências iniciais e colocar o nó de acordo com essa potência é difícil em tempo real. Neste artigo [71], apresentámos um método de encaminhamento baseado em grupos. Um dos principais objectivos é desenvolver um protocolo de encaminhamento eficiente em termos energéticos. Esta regra faz o melhor uso dos nós com um pequeno número de líderes de grupo, conhecidos como supernós. Neste caso, o investigador dividiu toda a região em zonas iguais e a área central da região é utilizada para selecionar um dispositivo específico. Cada região é considerada separadamente e a zona pode ou não ser subdividida.
dependendo da densidade de nós nessa zona e das capacidades do nó específico. Também considerámos a possibilidade de mudar o líder do grupo se o líder do grupo estiver em baixo. Isto pode ser um problema para a deteção nesta zona.

5.7 Sistema proposto

O INTELLIGENT ACTIVE utiliza os pontos fortes do CSMA e do TDMA com inteligência. A ideia mais recente por detrás do INTELLIGENT ACTIVE é o facto de utilizar tanto o escalonamento de difusão como o escalonamento de ligações. O INTELLIGENT ACTIVE classifica os pacotes de acordo com a sua importância e armazena-os na fila adequada. O nó de origem conhece o grau de importância dos dados capturados e a camada de aplicação determina a prioridade em conformidade. O MQTT (MQ Telemetry Transport) é um dos protocolos suportados pelos produtos IBM Message Broker para transferir dados de e para o broker [72]. O protocolo foi desenvolvido especificamente para aplicações de telemetria remota e tem três objectivos específicos: (1) Deve fornecer um modo de transmissão único e seguro para que uma mensagem possa ser transmitida de forma fiável de um sensor remoto para uma aplicação back-end. (2) O protocolo deve ser tão leve quanto possível no "fio" (ou noutro meio de comunicação). A maioria dos dados de telemetria remota é transmitida através de redes de baixa largura de banda e de custo elevado, pelo que é altamente desejável minimizar a sobrecarga de cada mensagem. (3) O protocolo deve ser muito fácil de implementar em dispositivos incorporados, como sensores e gateways. Muitas iniciativas do sector têm sido fundamentais para o desenvolvimento do MQTT e das suas aplicações na Internet das Coisas. Empresas como a IBM, a Eclipse e fóruns como o OASIS têm sido fundamentais no desenvolvimento de recursos para o MQTT e na sua prototipagem para aplicações práticas. Vários corretores ou servidores foram desenvolvidos e lançados para uso público para o desenvolvimento de aplicações no MQTT.

Técnicas:

Descobrir o itinerário

Interruptor do temporizador

Gerador de mensagens de baliza

Agrupamento virtual

Mensagem SYNC Utilização partilhada

Atribuição de faixas horárias

Partilhar dados

Poupança de energia

Descobrir o percurso:

Aqui vamos ativar o temporizador para enviar a mensagem de origem a intervalos regulares. O objetivo da mensagem de origem é conhecer os nós vizinhos. Com base na resposta que recebermos, armazenaremos as informações da tabela de vizinhos. Em cada intervalo regular, a tabela de encaminhamento será actualizada com base nas mensagens de origem. A mensagem de origem é enviada a cada nó da rede para atualizar a informação sobre a disponibilidade da estação de base.

Partilha de dados:

De acordo com o método de controlo de potência e nas faixas horárias atribuídas com base no método de "handshaking", os detectores transmitem os dados e também entram em modo de espera quando não há necessidade de transmitir os dados.

No nosso sistema proposto, implementámos o INTELLIGENT ACTIVE com um modelo de sobre-líder reduzido. Tal como no método TDMA, também dividimos o tempo em

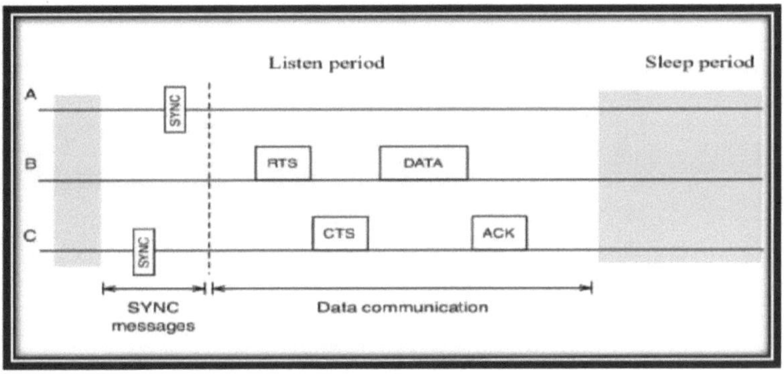

Fig.5.4 Procedimento CSMA/CA

mas, ao contrário do método TDMA, cada nó pode utilizar a outra faixa horária se esta estiver livre. Para verificar se a faixa horária está livre ou não, ligámos o método CSMA/CA. No nosso projeto, começámos por dividir o tempo em faixas horárias e depois dividimos as faixas horárias em três outras faixas (faixa horária prioritária, faixa horária própria, outra faixa horária). Se um nó tiver dados prioritários, pode transferir os dados no início do intervalo de tempo, que pode ser o seu próprio ou pertencer a outros. Se um nó não tiver dados prioritários, verifica se a faixa horária lhe está destinada ou não. Se a ranhura for a sua própria ranhura, pode enviar dados na segunda ranhura da ranhura principal. Se a ranhura for outra, espera pela terceira ranhura da ranhura principal com um pequeno intervalo aleatório; se o nó não reconhecer qualquer comunicação, pode transmitir os dados nesta ranhura. A Fig.5.5 mostra o resultado da partilha de dados por outra ranhura.

5.8 Resultado

Testámos o nosso modelo de protocolo MQTT energeticamente eficiente no ns2. Temos (Fig. 5.6)
Mostra a animação do Editor, do Servidor e do Assinante. Cada um dos nós tem Comunicação com a respectiva parte participante.

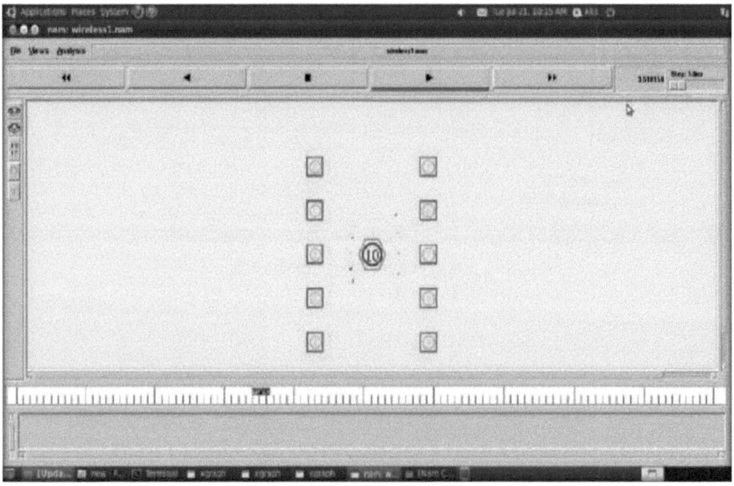

Fig.5.5 Modelo MQTT

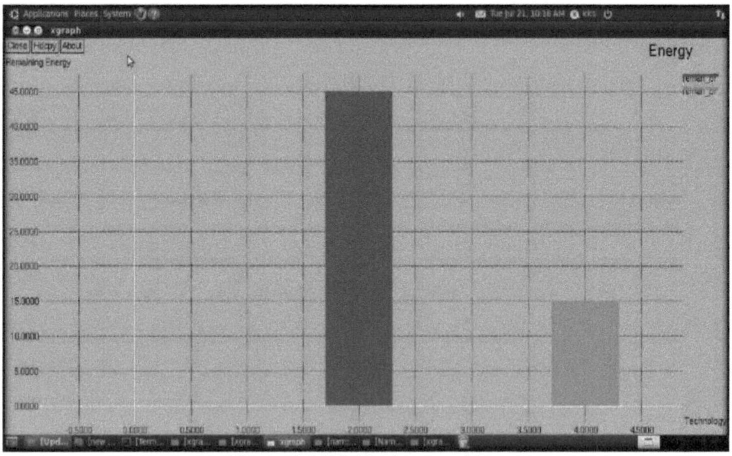

Figura 5.6 Eficiência energética

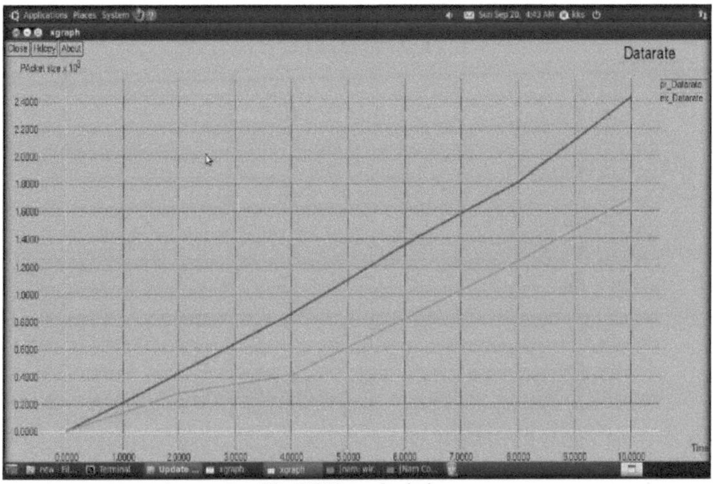

Fig.5.7 Taxa de dados

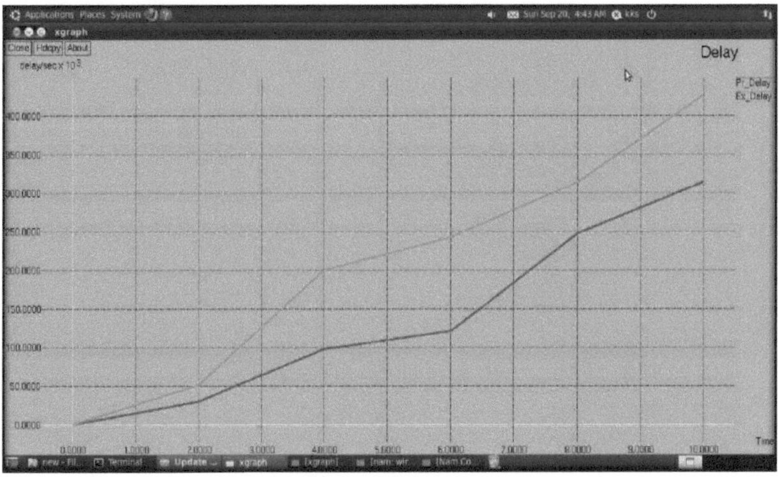

Figura 5.8 Atraso

Temos o resultado do modelo básico. A eficiência energética foi melhorada, o atraso reduzido e a taxa de transferência de dados aumentada. Figura (5.7), (5.8), (5.9)

CAPÍTULO 6

Desafios na IoT

Os desafios de qualquer tecnologia devem ser resolvidos pelos cientistas e investigadores para melhorar o desempenho. Este capítulo destaca os desafios críticos enfrentados pelos investigadores.

Desafios especiais na IoT

O termo Internet das Coisas (IoT) refere-se à enorme capacidade de ligação em rede dos objectos no nosso ambiente. A IoT tem um grande potencial para gerar biliões ou mesmo

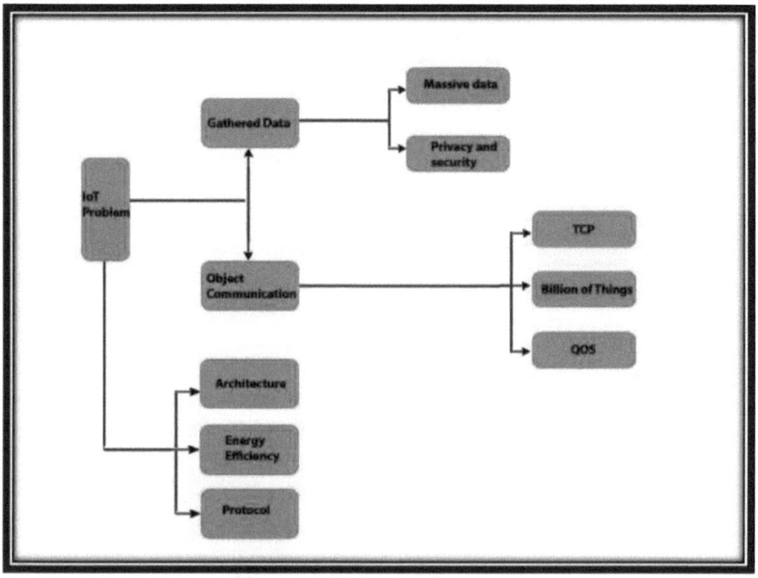

Figura 6.1 Vários desafios na IoT

ligando triliões de dispositivos à Internet e comunicando entre si de forma segura. Se os cientistas conseguirem gerir e implementar com êxito a Internet das Coisas, os seres humanos beneficiarão desta tecnologia. A falta de infra-estruturas, de tecnologia, de conceção arquitetónica, de regras omnipresentes, de tecnologia integrada e de comunicação impedirá que a Internet das Coisas se instale. Recentemente, a IoT está a ser investigada e considerada. A figura 6.1 mostra os vários desafios da IdC. O desafio mais importante para viabilizar a IdC prende-se com dois factores: a recolha de dados do objeto e o problema da comunicação entre objectos.

6.1 Informações recolhidas em massa

O conceito de IoT é promissor para ligar milhares de milhões de objectos em todo o mundo. Cada objeto deve ser capaz de se identificar. Estes dados podem ser recolhidos através de etiquetas RFID, redes de sensores sem fios (WSN), códigos electrónicos de produtos (EPC) e actuadores. A quantidade de dados recolhidos (dados em massa) deve-se a um grande número de objectos IoT. Recentemente, o maior desafio na IoT tem sido a grande quantidade de dados recolhidos. Este problema é definido como um problema de transmissão, armazenamento dos dados numa base de dados e processamento para analisar os dados na nuvem [73].

O problema da transmissão pode ser o seguinte:

É necessário transferir todos os dados do objeto para a nuvem em tempo real, mas isso não é garantido devido a problemas de largura de banda necessários para enviar dados que podem não estar disponíveis. A transferência de dados é feita através da aplicação Web do objeto e esta transferência requer mais largura de banda, mas esta largura de banda necessária não está atualmente disponível. Outro problema com a transferência de dados é o armazenamento de dados. Onde é que as enormes quantidades de dados podem ser armazenadas? Como é que os podemos analisar? Como é que podemos fazer cópias de segurança das grandes quantidades de dados? Outro problema é o processamento. Este problema introduz o cenário das coisas, em que os dados dos objectos devem ser processados por uma aplicação Web para determinar e controlar os dados em tempo real [74].

6.2 Segurança e proteção de dados

Quando as redes são implantadas em grande escala, a segurança é a questão fundamental e há muitas formas de o sistema ser vulnerável. Três componentes físicos da Internet das Coisas são o RFID, o CLUD e a RSSF, dos quais a nuvem é vulnerável aos atacantes. A segurança é necessária para a vida da rede e será a primeira linha de defesa do sistema contra os atacantes [75]. A RFID (passiva) parece ser geralmente a mais vulnerável aos hackers, uma vez que permite a localização de objectos por pessoas e não pode fornecer informações de alto nível utilizando a tecnologia de criptografia, que é recentemente o tema dos investigadores. Inicialmente, a encriptação pode garantir a confidencialidade dos dados contra os atacantes. No entanto, a encriptação não oferece qualquer garantia contra ataques maliciosos por parte de pessoas internas. Para resolver este problema, é também necessário instalar e atualizar novas aplicações de sensores para determinadas RSSF. Espera-se que isto seja conseguido através da reprogramação sem fios dos nós da rede. A segurança na nuvem é outra questão que deve ser objeto de maior atenção. A nuvem pode gerir a economia da IoT, o que pode representar uma maior ameaça de ataque. A segurança e a proteção da identidade são importantes na nuvem híbrida, onde se juntam nuvens privadas e públicas, que são úteis para as empresas. Em geral, existem alguns problemas de segurança no conceito IoT: A) ataques físicos, B) ataques sem fios e C) baixa auto-defesa. O ataque físico consiste na manipulação do dispositivo por um hacker e na possibilidade de

danificar diretamente os dados. O ataque sem fios, através do qual um atacante pode intercetar as informações pessoais do meio antes de os dados chegarem ao destinatário. Este ataque é efectuado pelo ataque man-in-meddle. O terceiro ataque é um ataque de baixa auto-defesa em que a maioria dos dispositivos IoT são muito leves, simples e têm pouca bateria. Por esta razão, não podem aplicar o algoritmo de criptografia porque a utilização de criptografia requer muita energia e baterias para aumentar a complexidade da função hash [76]. É certo que a segurança da IdC é crucial para permitir a generalização das tecnologias da IdC sem confiança na IdC e garantir a confidencialidade e a autenticidade. As partes interessadas relevantes não podem adotar a solução IoT em grande escala. Os RFID já estão a ser utilizados na IdC. A segurança é um fator importante para a adoção ad hoc resultante dessas implantações, em que a tecnologia e os componentes são frequentemente integrados verticalmente num único sistema ou instalação de gestão. No ecossistema da IdC, há vários factores que utilizam a aplicação, como entidades com sensores/actuadores de aplicações específicas e outras entidades que processam os dados. Aqui, diferentes entidades têm expectativas diferentes e tentam enviar os dados certos aos utilizadores finais. Dependendo desta diversidade, surgem muitos desafios. Neste desafio específico, encontramos três pontos-chave para um

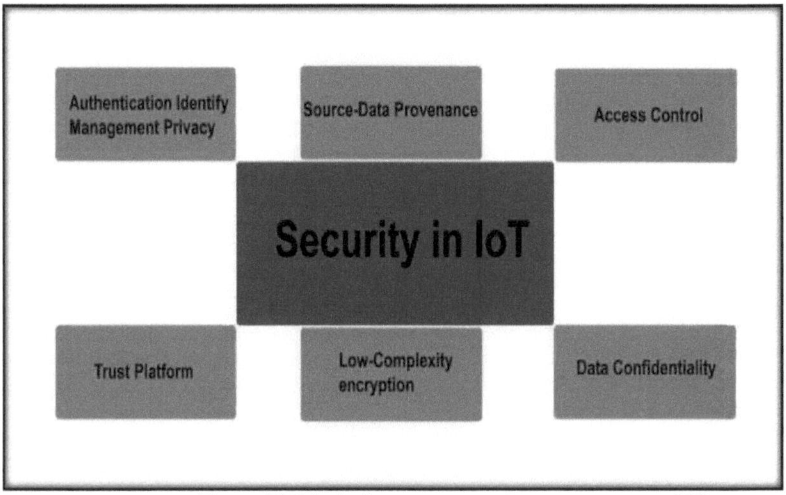

Figura 6.2 Principais componentes da segurança para a IdC

Segurança da IoT Figura 6.2.

6.2.1 Confidencialidade dos dados

A confidencialidade dos dados é uma questão fundamental nos sistemas IoT, garantindo que apenas pessoas ou entidades autorizadas possam aceder e modificar os dados, por exemplo, num contexto empresarial em que os dados devem ser protegidos como um ativo.

Valor de mercado. Na IoT, não só os utilizadores, mas também os objectos autorizados podem aceder aos dados. Neste cenário, devem ser tidos em conta dois aspectos importantes: em primeiro lugar, o controlo do acesso e, em segundo lugar, um procedimento de autenticação de objectos. Uma vez que os dados na IdC são gerados por objectos físicos, garantir a confidencialidade dos dados é uma limitação primordial em muitos casos. Suponhamos que os dados gerados por biossensores (composições bacterianas) são utilizados para um produto que também pode ser utilizado para garantir uma qualidade específica na indústria alimentar e comercial. Os dados recolhidos são claramente confidenciais para o utilizador, uma vez que a divulgação não controlada dos dados pode ser muito prejudicial para as empresas. Normalmente, a solução para garantir a confidencialidade dos dados não pode ser aplicada no contexto da IdC devido a duas limitações principais. A primeira é a quantidade de dados gerados pelos objectos, a segunda é a necessidade de controlar o acesso aos dados em linha, o que também deve ser feito de uma forma flexível. Existem várias técnicas que garantem a confidencialidade nos sistemas de gestão da informação. Uma norma desta abordagem é o controlo de acesso baseado em funções (RBAC). O objetivo do RBAC é que os utilizadores e as autorizações sejam atribuídos a funções. A principal caraterística do RBAC na IdC são os objectos de acesso que devem ser modificados dinamicamente, o que é possível alterando o papel das atribuições. Para a IdC, é necessário introduzir um novo formato para a solução RBAC.

6.2.2 Confiança

A confiança é utilizada numa variedade de contextos diferentes e com uma variedade de significados. A confiança é um conceito complexo com diferentes definições que se refere essencialmente a políticas de segurança para o acesso a recursos importantes. A confiança refere-se ao processo de troca de certificados que permite a um grupo solicitar um serviço ou recurso a outro grupo para fornecer as credenciais essenciais para determinar o serviço e o recurso. Esta definição de confiança é muito comum para proteger o conhecimento e a gestão como um sistema que pode permitir a troca de credenciais antes da divulgação de informações. A negociação da confiança pode assentar numa interação entre pares. Uma negociação de confiança utiliza tipicamente a identificação e a informação com o objetivo de permitir um controlo minucioso do acesso e da criação de recursos. Existem alguns desafios de investigação para os mecanismos de confiança na IdC, que são enumerados a seguir

1) A conceção deve ser flexível para a gestão da confiança e deve ser capaz de reforçar os pontos acima referidos.

2) A introdução da confiança deve ser objeto de negociação para responder às exigências da IdC.

3) Identificação de um imóvel adequado e desenvolvimento de um sistema de gestão

4) A confiança deve ser acessível e controlável a um nível pormenorizado para os fluxos de dados.

6.2.3 Proteção de dados

Discute quais os dados que são relevantes para o acesso do utilizador. A razão importante que torna a privacidade necessária para a IdC reside no domínio de aplicação pretendido para a IdC. A privacidade é também uma questão civilizacional [77]. O fornecedor de dados pode tirar conclusões sobre os utilizadores individuais do sistema, observando a utilização do mesmo. A recolha de dados, a extração de dados e o tratamento de dados são realizados em sistemas IoT com base em várias situações que podem ocorrer no ambiente IoT, como um sistema de controlo de electrodomésticos. Há três factores importantes para garantir as informações pessoais: (1) Como é possível recolher as informações pessoais? (2) Como e onde podem ser recolhidas essas informações? (3) Quando é que a recolha é efectuada? Além disso, os pacotes de dados recolhidos devem ser utilizados por pessoas autorizadas e armazenados numa nuvem autorizada à qual os utilizadores autorizados têm acesso [78].

6.3 Desafiar o protocolo de controlo da transmissão (TCP)

Na Internet tradicional, o protocolo de rede é utilizado na camada de transporte para uma comunicação fiável entre o utilizador e o servidor. É óbvio que o TCP é insuficiente para a IoT, mas existem alguns problemas de comunicação que se explicam pelas seguintes razões

1) Configuração da ligação:

O TCP é um protocolo orientado para a ligação e cada sessão consiste no seguinte estabelecimento de ligação. Não é necessário tratar a comunicação principalmente através da IoT, uma vez que envolve a transmissão ou troca de pequenas quantidades de dados e o estabelecimento da ligação é necessário durante uma certa parte do tempo da sessão. Para além do estabelecimento da ligação, os dados são processados durante a transmissão pelos dispositivos finais, que dispõem de recursos limitados de energia e de comunicação, como as etiquetas RFID. Em suma, pode dizer-se que, na maioria dos casos, o estabelecimento da ligação não precisa de ser tido em conta no cenário da IdC, uma vez que apenas é transmitida uma pequena quantidade de dados.

2) Controlo do congestionamento:

O TCP é responsável pelo controlo do congestionamento de extremo a extremo. Em termos de IoT, pode haver problemas de desempenho, uma vez que a comunicação utiliza o meio sem fios [79]. Além disso, os pacotes de transmissão entre duas sessões são muito pequenos, pelo que o controlo de congestionamento TCP é inútil para o conceito IoT.

3) Armazenamento de dados em buffer:

O TCP exige que os dados sejam armazenados num buffer de memória, tanto na origem como no destino. De facto, os dados devem ser armazenados em memória intermédia na origem para poderem ser retransmitidos em caso de perda. No destino, o pacote deve ser colocado numa memória intermédia para gerir a entrega dos dados à aplicação.

o dispositivo sem pilhas.

6.4 QoS da IoT

Uma rede heterogénea é uma rede multi-serviços que fornece mais do que uma aplicação ou serviço. A capacidade da rede é prometida para suportar todas as aplicações sem QoS [80]. Neste caso, existem duas aplicações: Throughput e tráfego tolerante ao atraso, e a largura de banda de atraso é sensível no tráfego em tempo real. É fácil fornecer a QoS na rede sem fios como paradigma, que frequentemente apresenta lacunas nos recursos devido a limitações de atribuição e gestão na partilha de meios sem fios. A QoS não é adequada para a IoT, uma vez que os investigadores da QoS consideram uma área localizada, como a rede de sensores sem fios na IoT. O resultado da QoS é realizado no mecanismo M2M, mas na IoT existem outros problemas devido à mistura de objectos IoT com caraterísticas e comportamentos diferentes.

6.5 Biliões de objectos

Existe um grande problema devido ao processo de comunicação entre um grande número de dispositivos. Há também a questão do que é o hardware, qual é o protocolo para o endereçamento ideal de cada objeto. Relativamente ao hardware, temos de garantir a compatibilidade entre um grande número de dispositivos, o que é relevante para a IoT. Uma das questões críticas para um protocolo é que existem alguns protocolos na IdC, como o MQTT, o COAP, o XMPP, etc., mas alguns dos protocolos estão a ser revistos por investigadores e organizações. A Cisco criou recentemente o Internet Business

Solution Group (IBSG) [6], que está a trabalhar para normalizar as aplicações IoT. A Organização para a Estrutura Avançada da Informação (OASIS) está a tentar normalizar protocolos na Internet das Coisas, como o MQTT, desde 2008. O desafio central da IdC é o desenvolvimento de uma arquitetura normalizada. Por conseguinte, estamos a tentar construir esta arquitetura para a nossa vida quotidiana. Em referência, [81] é um tópico semelhante à nossa tentativa, mas esta tentativa é limitada. A limitação da arquitetura advém da consideração de que todo o sistema IoT tem a mesma função e camada. Na arquitetura IoT, existe um grande número de sistemas com muitos objectivos, funções e aplicações diferentes. Por conseguinte, é necessário alargar a arquitetura apresentada em [81].

6.6 Arquitetura

A arquitetura da Internet das Coisas está na sua fase inicial e ainda tem de ser analisada em pormenor. A maior parte dos trabalhos sobre a arquitetura da Internet das Coisas já foi realizada na perspetiva das redes de sensores sem fios. Recentemente, surgiram dois projectos sobre a arquitetura da Internet das Coisas e o projeto da União Europeia (SENSEI). Descobrem desafios de investigação na perspetiva da IoT e encontram também uma arquitetura muito bem sucedida para as diferentes aplicações. Quando o utilizador está no centro e pode aceder aos dados e à infraestrutura do sistema para desenvolver novas aplicações.

As arquitecturas devem conceber a arquitetura modelo na IdC com base na computação em nuvem no centro. Esta arquitetura baseia-se na computação centrada na nuvem e a arquitetura pode ser a melhor quando os serviços de custos são necessários. A arquitetura deve conceber alguns modelos de arquitetura e deve ser explorada em diferentes áreas de aplicação da IdC.

6.7 Eficiência energética

A eficiência energética fez sentir a sua presença no espaço urbano e deve responder às exigências concorrentes e à modelação de múltiplos sensores. Isto pode ter implicações no armazenamento de dados, no tráfego da rede e na utilização da energia. Estas implicações decorrem da infraestrutura fixa e móvel de recolha de dados. O quadro geral de aquisição e modelização de dados deve explorar eficazmente as caraterísticas específicas e também temporais dos dados. Estes dois factores estão também ligados, no domínio da aquisição, aos domínios de transformação associados. Suponhamos que o ruído urbano deve ser recolhido a partir do nível de ruído e do nó de alimentação contínua da bateria através de uma infraestrutura específica como deteção especial. Estes dois factores podem ser utilizados como domínio da saúde.

6.8 Protocolo

Na IdC, o protocolo pode desempenhar um papel fundamental na sua plena realização. Devem formar uma ponte que liga o túnel de dados da espinha dorsal entre os sensores e outro mundo exterior. A eficiência do sistema, a energia do protocolo MAC e um protocolo de encaminhamento adequado são muito úteis e importantes para abrir uma porta de entrada para uma melhor comunicação. Existem vários protocolos MAC, como o CSMA (baixa eficiência de tráfego) e o FDMA (sistema sem colisões), mas são necessários circuitos adicionais em vários nós. Os sensores individuais podem ser separados por várias razões. O sistema deve ser auto-adaptável e permitir o encaminhamento por vários caminhos. Recentemente, o encaminhamento multi-hop tem sido utilizado em aplicações ad hoc e móveis. O encaminhamento multi-hop divide-se em três categorias principais: baseado na localização, hierárquico e centrado nos dados. No protocolo de encaminhamento, a energia é o cenário principal, mas no caso da IdC, a espinha dorsal deve estar disponível e o número de saltos no cenário multi-hop deve ser limitado. Em alguns casos, o protocolo de encaminhamento deve ser suficiente na prática com pequenas alterações na espinha dorsal.

CAPÍTULO 7
Conclusão e trabalho futuro

A Internet das Coisas (IoT) é uma das maiores tecnologias que surgiram, dando às coisas a capacidade de estarem vivas e de se expressarem. O MQTT é um dos protocolos mais importantes, ideal para conectar o mundo físico com o trabalho no mundo real. O conceito principal da minha investigação é testar componentes de serviço MQ melhorados que são utilizados para ligar outras aplicações de software para que possam funcionar de forma interligada. Este tipo de aplicação é frequentemente designado por software de integração empresarial ou middleware. O serviço MQ é composto por editor, servidor e subscritores. Neste artigo, propusemos uma técnica para melhorar a conservação de energia no sistema de serviço MQ. Na nossa proposta, desenvolvemos uma técnica ativa inteligente para melhorar a conservação de energia. Nesta técnica, um sistema pode entrar em modo de suspensão quando não está a ser utilizado, pelo que o nosso método melhora a partilha eficiente.

Registo

A minha simulação foi efectuada em MQTT. Este trabalho de simulação pode permitir a otimização de enormes dispositivos incorporados num local específico. As etiquetas RFID consomem normalmente 100 mA a 1,45 volts durante a posição ativa. Suponhamos que temos um grande supermercado como o Wall-Mart, se este supermercado tiver 500000 sensores RFID, quando este dispositivo está ativo, consome cerca de 1470 KWATT por dia. No meu estudo de caso, apercebi-me de que o consumo de energia é um desafio com o RFID e o protocolo MQTT. Para este desafio, introduzi a técnica de suspensão para os nós na parte do editor e do assinante e apliquei um atraso de 3 segundos para esta técnica. O código escrito, especialmente a classe de aplicação MQTT e a classe de sumidouro de pacotes modificada, pode ser utilizado com outras topologias para explorar a aplicação deste protocolo a cenários arquitectónicos específicos. Do mesmo modo, o protocolo pode ser explorado para diferentes domínios de aplicação, começando pela classe de aplicação MQTT e adicionando depois novas funcionalidades para criar aplicações que funcionem com este protocolo. A saída do tcpdump pode ser utilizada para analisar o desempenho do protocolo nestas situações, como a taxa de queda de pacotes e o atraso em relação a um determinado número de nós, etc. Uma das melhores aplicações para o MQTT é para aplicações móveis. Este cenário é concretizado através da utilização do MQTT, uma vez que o envio e a receção de mensagens podem ser trocados através do servidor de massagem MQTT. O servidor e o cliente MQTT são capazes de lidar de forma fiável com a entrega de mensagens para aplicações móveis e reduzir o custo de gestão da rede. Em [17], a notificação push foi introduzida com base no MQTT e pode ser utilizada para resolver o problema através do envio de várias mensagens do servidor para o cliente móvel. O MQTT foi recentemente introduzido em e electrodomésticos inteligentes. Os termóstatos são uma das áreas mais importantes em que o MQTT pode atuar como protocolo de comunicação entre o termóstato e o telemóvel. Quando precisamos de obter informações meteorológicas actualizadas no nosso telemóvel, a qualidade de serviço MQTT pode fazer com que o cliente abra uma ligação TCP com o corretor. Suponhamos que o cliente B e o cliente C subscrevem a "temperatura".

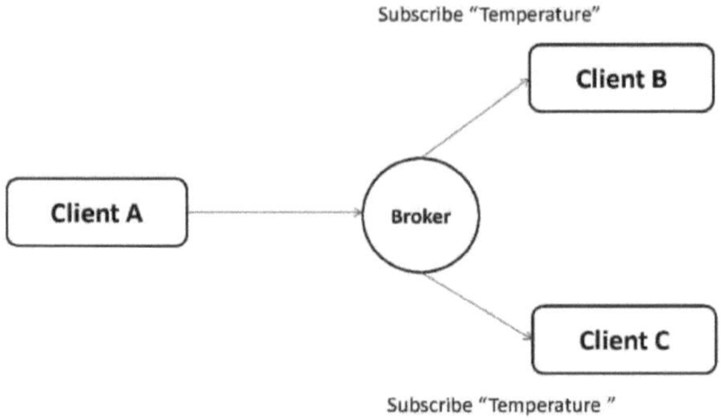

Após algum tempo, o Cliente A publicará os valores de 28 para a temperatura, que o corretor envia continuamente e reencaminha para o participante em dois cenários (push/pull)

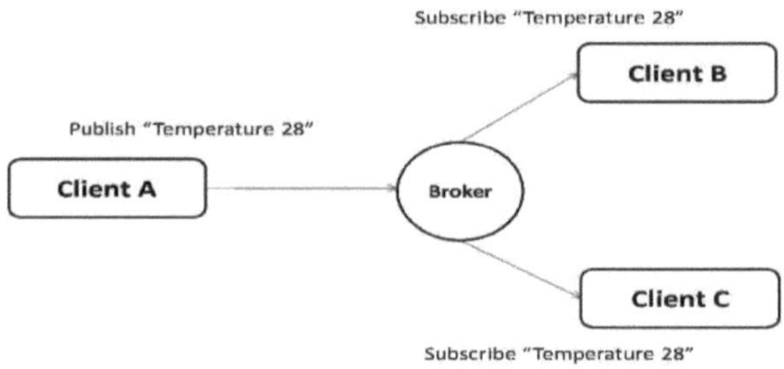

Neste cenário, o modelo editor/assinante permite que o cliente MQTT comunique em 3 tipos de QOS: um-para-um, um-para-muitos, muitos-para-um.

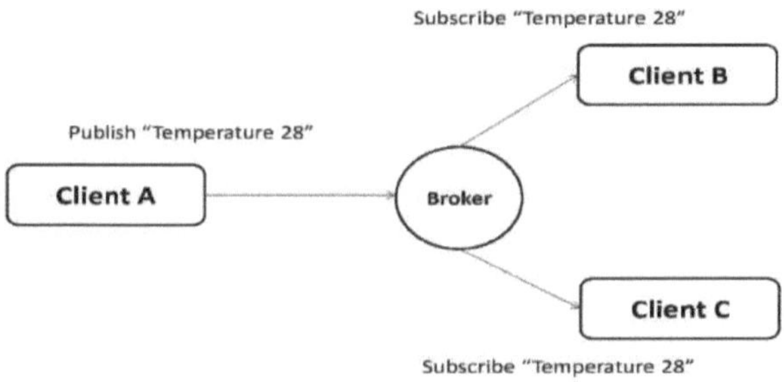

Neste cenário, o modelo editor/assinante permite que o cliente MQTT comunique em 3 tipos de QOS: um-para-um, um-para-muitos, muitos-para-um.

Referência

[1] D.Giusto, A.lera, G.Morabito, l.Atzori (Eds.)The Internet of Things, Springer ,2010. ISBN: 978-1-4419-1673-0.

[2] McKinsey Global Institute "Disruptive technologies: Avanços que transformarão vidas, negócios e a economia global". Relatório até maio de 2013.

[3] Raymond James num artigo intitulado "Technology & Communication", publicado no U.S.Research como um relatório do sector, janeiro de 2014

[4] Mohsen Hallaj Asghar , "RFID e EPC como uma tecnologia-chave para a Internet das Coisas (IoT)", IJCST Vol. 6, Issue 1, Jan - março 2015

[5] Fleisch, E.: O que é a Internet das Coisas? Quando as coisas acrescentam valor. Livro Branco do Auto-ID Labs WP-BIZAPP-053, Auto-ID Lab St. Gallen, Suíça (2010).

[6] Dave Evans, The Internet of Things, How the next evolution of the Internet changes everything: Relatório Anual do Cisco Internet Business Solution Group (IBSG), abril de 2011.

[7] Ovidiu Vermesan, Peter Friess, publicação de um livro intitulado "Internet of Thingsconverging technology for smart environments and integrated ecosystem", 2013.

[8] Mohse Hallaj Asghar num artigo intitulado "Application Intelligence and vision in Internet of Things (IoT)" publicado no IJCNCS vol. 3, no, 4, abril de 2015

[9] Arun Mahizhnan num artigo intitulado "Smart Cities" the case of Singapore, Elsevier, vol 16, n.º 1, pp, 13-18 , 1999.

[10] Chunling Sun num artigo intitulado "Application of RFID technology for Logistics on Internet of Things", Elsevier. AASRI Procedia 1, pp, 106-111, 2012.

[12] Adam Dunkels, JP Vasseur num documento intitulado "IP for Smart Objects", IPSO Alliance, setembro de 2008.

[13] Karen Bartleson num artigo intitulado "The Internet of Things Is A Standard Thing", publicado na Electronic Design, www.electronicdesign.com, 2014.

[14] Luiqi Atzori, Antonia Lera , Giacomo Morabito num artigo intitulado *"The Internet of Things: A Survey"*, publicado na Elsevier, maio de 2010.

[15] Bhagyashri Katole, Mainkanta Sivapala, Suresh V, num artigo intitulado *"Principle Element and Framework of Internet of Things"*, publicado no International Journal of Engineering and Science, Vol 3, Issue 5, pp 24-29, 2013.

[16] Ullas BS, Anush S, Roopa J e Govinda Raju M. num artigo intitulado *"Machine to Machine Communication For Smart System By Using MQTT"*, publicado em IJAREEIE, Vol. 3 , Issue 3, março de 2014

[17] Konglong Tang, Yong Wang, Hao Liu, Yanxiu Sheng, num artigo intitulado *"Design and Implementation Of Push Notification System Based On The MQTT Protocol"*

publicado na ISCA, 2013.

[18] Friedemann Mattern, Christian Floerkemeier com o livro "Vom Internet der Computer zum Internet der Dinge", Springer Berlin Heidelberg, p. 242259, 2010.

[19]Frost & Sullivan "Mega Trends: Smart is the New Green", disponível em linha em http://www.frost.
com/prod/servlet/our-services-page.pag?mode=open&sid=230169625.

[20] Smart Santander, Projeto FP7 da UE, Investigação e Experimentação da Internet do Futuro, em linha
em http://www.smartsantander.eu/.

[21] OUTSMART, projeto FP7 da UE, parte da parceria público-privada da Internet do Futuro,
"OUTSMART - Prestação de serviços e empresas inteligentes urbanos/regionais
models enabled by the Future Internet", em linha no sítio http://www.fi-ppp-outsmart.eu/enuk/
Pages/default.aspx.

[22] BUTLER, projeto FP7 da UE, em linha em http://www.iot-butler.eu/.

[23] Foundations for Innovation in Cyber-Physical Systems, Relatório do Workshop, NIST, 2013,
em linha em http://www.nist.gov/el/upload/CPS-WorkshopReport-1-30-13-Final.pdf.

[24] "How Much Is a Nest Thermostat Worth?", Breaking Energy, 16 de agosto de 2013, http://breakingenergy.com/2013/08/16/how-much-is-a-nest-thermostat-worth/.

[25] "Saving energy," Nest, n.d., https://nest.com/thermostat/ saving-energy/ (acedido em 13 de novembro de 2013).

[26] M, Yun, B Yunix, Investigação sobre a arquitetura e a tecnologia-chave da Internet das coisas (IoT) aplicada à rede inteligente, em: Advance in Energy Engineering, ICAEE, 2010.

[27] H., Jun-Wei, Y. Shouyi, L. Lebio, Z zhen, W. Shaojum, Um sistema de monitorização de plantas

com base numa rede de sensores sem fios, Procedia Environmental Science 11(2011).

[28] Kevin Bullis, "Novel Designs Are Taking Wind Power to the Next Level", *MIT TechnologyReview*, 6 de fevereiro de 2013,
http://www.technologyreview.com/news/510481/novel-designs-are-taking-wind-power-to-the-next-level/.

[29] O. Vermesan, *et al*, "Internet of Energy-Connecting Energy Anywhere Anytime" in
Microssistemas avançados para aplicações automóveis 2011: Sistemas inteligentes para veículos eléctricos,
Safe and networked mobility, Springer, Berlim, 2011, ISBN 978-36-42213-80-9.

[30] Foundations for Innovation in Cyber-Physical Systems, Relatório do Workshop, NIST, 2013,
em linha em http://www.nist.gov/el/upload/CPS-WorkshopReport-1-30-13-Final.pdf.

[31] H. Grindvoll, O. Vermesan, T. Crosbie, R. Bahr, et al, "A wireless sensor network

for
gestão inteligente da energia em edifícios com base em normas de multicomunicação - uma
Case Study", ITcon Vol. 17, pg. 43-62, http://www.itcon.org/2012/3.

[32] L. Atzori, A. Iera, G. Morabito, The Internet of Things: a survey, Computer Networks 54 (2010) 2787-2805.

[33] A.M.Vilamovska, E.Hattziandreu, R.Schindler, C.Van Oranje, H.De Vries, J. Krapelse, RFID Application in Healthcare-Scoping and Identifying areas for RFID Deployment in Healthcare Delivery, RAND Europe, fevereiro de 2009.

[34] Eric Sfiligoj, "The Simple Technology Life," CropLife, 1 de outubro de 2013. http://www.croplife.com/article/36026/the-simple-technology-life.

[35] "The State of Food and Agriculture", Organização das Nações Unidas para a Alimentação e a Agricultura, 1993, http://www.fao.org/docrep/003/t0800e/t0800e0a.htm.

[36] Geoff Colvin, "John Deere tractors are getting smarter all the time", CNNMoney, 23 de setembro de 2013. http://money.cnn.com/2013/08/29/leadership/deere-sam-allen.pr.fortune/.

[37] "A nova armadilha eletrónica para insectos agrícolas poupa trabalho, monitoriza os dados sobre os insectos e reduz a utilização de insecticidas", Universidade de Purdue, 12 de dezembro de 2012, http://www.purdue.edu/newsroom/releases/2012/Q4/new-agricultural-electronic- insect-trap-saves-labor,-monitors-insect-data,-reduces-insecticide-use.html.

[38] Geraldine Warner e Melissa Hansen, "Electronic trap saves labour", *Good Fruit Grower*, novembro de 2011, http://www.goodfruit.com/Good-Fruit-Grower/November-2011/Electronic-trap-save-work/.

[39] "Smart Irrigation System", WaterBee, acedido em 13 de novembro de 2013, http://www.waterbee.eu/.

[40] Derek Markhan, "Este sistema inteligente de irrigação e gestão da água é controlado através do seu smartphone", Treehugger, 19 de julho de 2013, http://www.treehugger.com/gadgets/smart-irrigation-and-water-management-system-controlled-app.html.

[41] "Colleges and Universities," BigBelly Solar, acedido em 13 de novembro de 2013, http://www.bigbelly.com/places/college/.

[42] "Global urban waste: Problem 'on the scale of climate change'," *RT*, 9 de junho de 2012, http://rt.com/news/global-waste-problem-urban-garbage-429/.

[43] "Brasil", The ReddDesk, acedido em 20 de outubro de 2013, http://www.theredddesk.org/countries/brazil/statistics.

[44] Sarah Taillier, "Warmer water lures subtropical fish south, where fishermen reap the rewards ", ABC News, 12 de novembro de 2013, http://www.abc.net.au/news/2013-11-11/warmer-waters-lure-tropical-fish-southwards/5083178.

[45] "Como é que os fenómenos meteorológicos afectam as estradas?" U.S. Department of Transportation, FederalHighwayAdministration . n.d. ,http:// www.ops.fhwa.dot.gov/weather/q1_roadimpact.htm (acedido em 20 de outubro de 2013).

[46] Donald Shoup, "Cruising for Parking," Access, No. 30, primavera de 2007, 16-22, http://shoup.bol.ucla.edu/ Cruising For Parking Access.pdf.

[47] Metro Transit- Saint Louis, "When Buses Talk, Maintenance Listens: Smart Bus Maintenance Means Greater Efficiencies, Big Savings," Nextstop, 15 de março de 2011, http:// www.nextstopstl.org/3702/when-buses-talk-maintenance-listens-smart-bus-maintenance-means-greater-efficiencies-big-savings/.

[48] Carsten Bormann, Angelo P. Castellani, Zach Shelby, CoAP: um protocolo de aplicação para milhares de milhões de nós minúsculos da Internet , Proc. IEEE Internet computing , 2012, Volume:16 Edição:2

[49] Shelby, Z. Serviços Web incorporados, IEEE wirel.commun. 2010, 291,76-81.

[50] http://www.kandroid.org/board/data/board/guestbook/file_in_body/1/xmpp.pdf.

[51] http://www.di.uniba.it/~reti/collab/XMPP.pdf

[52] U rs Hunkeler & Hong Linh Truong, Andy Stanford- Clark, MQTT-S_ A Publish/Subscribe Protocol For Wireless Sensor Networks , Proc. Communication Systems Software and Middleware and Workshops, 2008. COMSWARE, 2008.

[53] rti- Uma comparação e mapeamento do serviço de distribuição de dados e da arquitetura de alto nível https://www.rti.com/whitepapers/Comparison_and_Mapping_of_DDS_and_HLA.pdf .

[54] Mark Richards num documento intitulado "Understanding the differences between AMQP and JMS", 2011. http://www.wmrichards.com/amqp.pdf.

[55] Peter R. Egli, em slid share "MQ Telemetry Transport" como introdução ao MQTT para comunicação M2M . http://www.indigoo.com/dox/wsmw/1_Middleware/MQTT.pdf.

[56] JoramMQ, um corretor MQTT distribuído para a Internet das Coisas, setembro de 2014, mqtt.jorammq.com. www.scalagent.com

[57] Comité Técnico OASIS Message Queuing Telemetry Transport (MQTT). https://www.oasis-open.org/committees/mqtt/charter.php

[58] Günter Klas, Vodafone, Friedhelm Rodermund, Vodafone. Zach Shelby, ARM, Sandeep Akhouri , Ericsson, Jan Höller, Ericsson. th"Lightweight M2M", Enabling Device Management and Applications for the Internet of Things, 26 de fevereiro de 2014.

[59] IBM WebSphere MQ Information Centre, Versão 7.5 Sistemas operativos: UNIX, Linux, Windows "Introduction to WebSphere MQ Telemetry", http://129.33.205.81/support/knowledgecenter/SSFKSJ_7.5.0/com.ibm.mq.pro.doc/q001030_.htm.

[60] http://bb-smartsensing.com/basics-of-mqtt/

[61] Valerie Lampkin, Weng Tat Leong, Leonardo Olivera "Construindo soluções planetárias inteligentes com MQTT e IBM", 2012

[62] http://timkellogg.me/blog/2015/02/20/can-http2-replace-mqtt/

[63] Kathleenholm, "Using MQTT Protocol Advantages Over HTTP in Mobile Application Development", 19 de outubro de 2012.

[64] Publicar / Subscrever Arquitetura orientada para eventos na era da Nuvem, Móvel, Internet das Coisas (IoT), Social" http://cloudramblings.me/2014/09/22/publish-subscribe-event-driven-architecture-

na era das nuvens-mobile-internet-das-coisas IoT-social/ 22 setembro 2014

[65] Ashim Kumar Ghosh1, Anupam Kumar Bairagi2, Dr M Abul Kashem3, Md Rezwan-ul-Islam1, A J M Asraf Uddin1 "Power Efficient Zone Division Multihop Hierarchical Grouping Rules for Load Balancing in Wireless Detetor Network. ", 2011.

[66] Compreender os protocolos por detrás da Internet das Coisas". Stan Schneider, http://electronicdesign.com/embedded/understanding-protocols- behind-Internet- Things 9 de outubro de 2013

[67] Maximizar o tempo de vida da rede em redes de detectores sem fios com topologias regulares", Hui Tian, Hong Shen e Matthew Roughan

[68] Chenyang Lu, Brian M. Blum, Tarek F. Abdelzaher, John A. Stankovic, Tian He, "RAP: A Real-Time Communication Architecture for Large-Scale Wireless Detetor Networks", 2002.

[69] Namrata S. Baghele, "Um esquema adaptativo de agendamento de nós conscientes da potência em agrupamento para redes de detectores sem fios", 2012

[70] Sinem Coleri Ergen e Pravin Varaiya, "TDMA Scheduling Ruless for Wireless Detetor Networks", 2009

[71] Y. Liu, I. Elhanany, e H. Qi, "An power-efficient QoS-aware media access control protocol for wireless detetor networks," Nov. 2005.

[72] Renjie Huang, Wen-Zhan Song, Mingsen Xu, Behrooz Shirazi, Guoliang Xing, "Localised QoS-Aware MAC Protocol for Real-time Dynamic Detetor Networks" (Protocolo MAC localizado com reconhecimento da QoS para redes de detectores dinâmicos em tempo real)

[73] Botterman M., 2009. para a Comissão Europeia Sociedade da Informação e Media

Direção-Geral, Unidade Empresas Ligadas e RFID - D4, Internet das Coisas: A

Early Reality of the Future Internet, Relatório do Workshop sobre a Internet das Coisas, Praga, República Checa.

[74] Vilamovska A., Hattziandreu, E., et al, 2009. RFID Application in Healthcare - Scoping and Identifying Areas for RFID Deployment in Healthcare Delivery, RAND Europe.

[75] D.Tang, Event detection in sensor network (Deteção de eventos em redes de sensores), Escola de Engenharia e Ciências Aplicadas, The Gorge Washington University, 2009

[76] Nilssen A., 2009. Normalização da segurança e da privacidade na Internet das coisas, in: eMatch. 09 - Future Internet Workshop, Oslo, Noruega.

[77] <http://www.boycottbenetton.com/>.x

[78] Chan H., Perrig A., 2003. security and privacy in sensor networks, IEEE Computer 36 (10) páginas: 103-105.

[79] T.V Lakshman, U.Madhow, The performance of tcp/ip for networks with the high bandwidth-delay product and random loss, IEEE/ACM transaction on networking 5(3) (1997)336-350

[80] E. Vera, L. Mancera, S.D. Babacan, R. Molina, "Título de deteção compressiva bayesiana de coeficientes wavelet usando priors Laplacianos multiescala", Statistical Signal Processing, 2009. SSP '09. IEEE/SP 15th Workshop on. 31 de agosto de 2009- 229 - 232 3 de setembro de 2009.

[81] Huansheng N., Ziou Wang, 2011, Future Internet of Things Architecture: Like Mankind Neural System or Social Organisation Framework?, IEEE COMMUNICATIONS LETTERS, VOL. 15,NO. 4, Pages: 461.

Índice

MIX
Papier aus verantwortungsvollen Quellen
Paper from responsible sources
FSC® C105338

Printed by Books on Demand GmbH, Norderstedt / Germany